À Martin, mon violoniste
À Agnès et son archet magique

Dans l'art comme dans la vie, tout est possible
si, à la base, il y a l'amour.
Marc Chagall

Prologue

Les hommes-squelettes se rapprochent. J'ai beau regarder autour de moi, je n'aperçois aucune issue. Je suis pris au piège.

Pourquoi n'ai-je pas pris mes jambes à mon cou lorsque j'ai croisé le vieux Zombra pour la première fois ? Pire : pourquoi suis-je retourné *là-bas* ? Rien de tout ce qui s'est passé depuis ne serait arrivé. Je vivrais encore ma vie de collégien tranquille et ordinaire. Je ne me serais pas retrouvé *ici*, en enfer.

Le vieux Zombra avait raison, depuis le début. Tout était écrit. Il m'avait pourtant prévenu. Moi, je n'ai pas cru à ses avertissements. Je ne l'ai pas écouté. Ou plutôt, je n'ai écouté que mes propres désirs. J'ai foncé dans le piège, tête baissée. Je pensais avoir gagné un ticket pour le paradis, me voilà plongé en enfer.

Vais-je mourir, comme Alexander ? Comme Ada ?

Nous n'appartenons pas à la même époque. Pourtant, nos destins se sont croisés. Enchevêtrés. Le passé m'a pris dans ses filets et je suis prisonnier.

Yiddish Tango

C’était il y a soixante-quinze ans.
C’est aujourd’hui.
C’est maintenant.

Carnet secret d'E. F.

25 décembre 2013,

Cette nuit, le Maudit a recommencé. Il ne me lâchera donc jamais ! Sa plainte était forte, poignante.

Je me suis levé afin de préparer une tasse de café fort, histoire de me remettre les idées en place puisqu'il me paraissait évident que le sommeil me fuirait. Pendant que la cafetière sifflait, j'ai tiré la chaise jusqu'à la fenêtre, mais il n'y avait rien à voir. Sans étoiles et sans lune, la nuit était complètement noire. Je ne distinguais même pas les ruines du château. C'était la nuit de Noël, pourtant. Un Noël sans lumière et sans guirlande. Depuis 1943, il n'y a plus de Noël heureux pour moi.

Lorsque la cafetière a cessé de siffler, j'ai pris une tasse dans l'évier, je l'ai rincée, j'ai versé le café dans la tasse, et je me suis assis à ma petite table pour absorber sans plaisir le breuvage noir, amer et brûlant. Ensuite, j'ai remis une bûche dans le poêle. J'ai fini par me recoucher, parce qu'il n'y avait rien d'autre à faire. Tandis que la plainte lugubre remplissait la nuit, j'ai entrepris de compter les secondes, les minutes, les heures interminables qui me séparaient encore de l'aube.

Ma vie a défilé devant mes yeux. Soixante-dix ans. Cela fait exactement soixante-dix ans que j'ai trahi. Soixante-dix ans que chaque année, à la même date, la plainte funèbre du violon crie ma trahison. Cette nuit, l'index accusateur de la vieille est venu s'ajouter aux sanglots du violon, me promettant l'enfer. Elle a tort de me menacer. J'y suis depuis longtemps, en enfer.

Maintenant, le jour est largement levé. Sur le rebord de la fenêtre, le thermomètre affiche moins 7°C. C'est dire s'il fait froid. J'attends une accalmie pour sortir de la maison et aller jusqu'à la remise chercher quelques bûches : il neige depuis trois jours. À l'intérieur, j'arrive à maintenir une température de seize degrés au-dessus de zéro. Le poêle ronfle. Je l'ai bourré avec ce qui restait de bois sous l'auvent.

Amer anniversaire. Toute ma vie, j'ai attendu un miracle, qui n'est jamais venu. J'ai vécu seul comme un ermite, avec mes remords et le Prince déchu comme seul compagnon de route. Il ne reste plus rien de l'âme du Maudit. Les flammes ont achevé de la dévorer. Je me sens vide. Vide et nu.

Un jour, quelqu'un entrera dans la maison. Ce quelqu'un me trouvera là, couché dans mon lit, froid comme un glaçon, sec comme un coup de trique. Sans doute ma mort fera-t-elle l'objet de trois pauvres lignes dans la rubrique nécrologique du Dauphiné Libéré. *« Il est mort comme il a vécu. Seul. » Peut-être cette épitaphe sera-t-elle gravée sur ma pierre tombale. Mon secret, je l'emporterai dans ma tombe… à moins que quelqu'un ne lise ces lignes un jour. Qui sait ?*

Chapitre 1

Pourquoi n'ai-je pas pris mes jambes à mon cou lorsque j'ai croisé le vieux pour la première fois ?

C'était un mercredi après-midi, trois jours avant les vacances de Noël. Ma mère et moi avions quitté notre bled paumé pour rendre visite à ma grand-mère dans la vallée. Niché non loin d'un étang, façades revêtues de bois, moderne et fonctionnel, le foyer des Zombras n'a rien d'un manoir hanté. Ma mère dit qu'elle y est bien, Mamé, qu'elle y est soignée aux petits oignons. Cette expression me ferait rire si j'aimais les oignons, mais il se trouve que je les ai en horreur. Une horreur absolue, définitive. Ça fait pester maman qui les adore, elle.

Comme d'habitude, Mamé a embrassé ma mère et elle a jeté un regard soupçonneux dans ma direction, me dévisageant de haut en bas. Une fois de plus, elle a demandé qui était ce grand garçon. Maman a répondu à ma place.

— Étienne. Étienne, mon fils. Ton petit-fils !

Le regard aux paupières tendres s'est illuminé. Le

sourire de Mamé, c'est un rayon de soleil qui perce le brouillard de la vallée.

— Étienne… mon petit-fils ! Bien sûr. Mais qu'est-ce que j'ai aujourd'hui, je suis trop distraite. Approche, mon garçon.

Le baiser sonore qu'elle a plaqué sur mes joues a claqué comme un pétard de papillote. Elle m'a serré dans ses bras en marmonnant.

— Ton petit-fils… Comment peux-tu oublier ça, Solange, comment peux-tu oublier ton petit-fils, comment peux-tu ?

Comme elle s'en voulait de ne pas m'avoir reconnu, elle s'est dirigée vers l'armoire, elle a ouvert les tiroirs, elle a fouillé tout en continuant de marmonner. Il faut bien le dire : Mamé radote. Mamé radote comme une vieille. Je déteste cette pensée. Ma sœur aussi. Pour nous, Mamé n'est pas une vieille. Les vieilles, les vieux, ce sont les autres. Les vieux Zombras.

Fatiguée de la voir tourner ainsi dans les dix mètres carrés de la chambre, ma mère l'a guidée vers le fauteuil.

— Assieds-toi, maman. Ne t'inquiète pas pour le goûter, j'ai apporté des tartelettes à la rhubarbe. C'est Ophélie qui les a faites. Ophélie, oui, ta petite-fille, la grande sœur d'Étienne. Elle n'est pas venue aujourd'hui parce qu'elle a son entraînement d'escrime, comme tous les mercredis. Mais elle sera là samedi. Elle t'embrasse bien fort.

Sourire revenu, Mamé s'est assise sur le fauteuil. Moi, je commençais à avoir des fourmis dans les jambes.

— Je sors faire un petit tour dans le jardin.

J'ai refermé doucement la porte derrière moi afin de

ne pas faire sursauter ma grand-mère. J'ai longé le couloir en priant le ciel de ne pas croiser de Zombra. Pour une fois, le ciel semblait m'exaucer. Je l'ai remercié. La porte de la salle commune était grande ouverte. Je n'ai pas pu m'empêcher de jeter un coup d'œil à l'intérieur.

J'avais remercié le ciel trop vite !

Ils étaient tous là.

Chapitre 2

Assis dans leur fauteuil, le regard vissé à la télévision, ils ne bougeaient pas. Seule chose animée dans cette grande pièce blanche aux odeurs de chlore, une soignante distribuait sourires et paroles d'encouragement. Est-ce que tout va bien, madame Zombra ? Elle étreignait une épaule frêle par-ci, essuyait avec douceur un filet de salive échappé d'un coin de lèvre par-là, effleurant une joue, une main parcourue de veines qui dessinaient un delta bleu sur une peau devenue presque translucide à force de s'être frottée aux années, aux décennies. Eux, c'étaient les Zombras résignés.

Regards éteints, mains tendues. Les Zombras résignés ne parlent pas, ils murmurent sans fin.

Caniche en peluche blanc dans les bras, une vieille a marché vers moi et m'a montré son petit chien.

— Il s'appelle Youki.

Youki n'avait pas été très sage, ce jour-là.

— Il a fait pipi, le voyou.

Elle a sorti un mouchoir de sa poche et lui a essuyé le

derrière en le grondant doucement, sans plus s'occuper de moi. Je me suis éloigné de la salle commune, j'ai descendu les escaliers en quatrième vitesse. Je ne prends jamais l'ascenseur, de peur de me retrouver enfermé avec l'un d'eux.

Dans le grand hall d'entrée erraient d'autres Zombras, regard dans le vague, mains appuyées sur leur canne, leur déambulateur.

Eux, c'étaient les Zombras déambulatoires.

Dans son aquarium, la dame de l'accueil m'a adressé un sourire de connivence. Sa fille, Émeline, est dans ma classe.

— Bonjour Étienne. Ça va, au collège ?

J'ai hoché la tête pour la rassurer. Oui, oui, tout allait bien.

Je me suis retrouvé dans le parc, objectif de ma petite promenade. J'ai regardé autour de moi. Pas de Zombra en vue. Ouf ! J'ai remonté l'allée soigneusement ratissée, je me suis approché d'un rouge-gorge occupé à picorer. Le piaf s'est envolé dans un soyeux frou-frou. J'ai traversé la pelouse au petit trot, histoire de me dégourdir les jambes et d'en chasser les dernières fourmis, puis j'ai marché vers le roi du jardin, mon ami. Toutes les feuilles du ginkgo étaient tombées et formaient à ses pieds un tapis d'or. Le ginkgo biloba est l'un des plus vieux arbres du monde (je veux parler de l'espèce, pas de cet arbre en particulier). C'est la plus ancienne famille d'arbres connus : 270 millions d'années ! Le ginkgo existait avant l'apparition des dinosaures. C'est dire. Ses branches sont si solides que je peux y grimper sans faire criser ma mère, et observer les Zombras sans être vu. En cet après-midi de décembre, l'écorce était gelée, glissante. J'ai renoncé à grimper. J'ai collé mon oreille contre le tronc. Lorsqu'il y a un peu de vent, j'entends une sorte de murmure derrière l'écorce. C'est comme si l'arbre chuchotait à voix basse des paroles inconnues, difficiles à décrypter. Mais ce jour-là, le seigneur ginkgo restait muet.

Je me suis détaché du tronc. Mon estomac grognait. Je suis retourné au petit trot vers le bâtiment des Iris et j'ai gravi deux à deux les marches qui mènent au premier étage.

C'est là, dans le couloir, que j'ai croisé le vieux pour la première fois.

Chapitre 3

Il marchait vers moi, une jambe raide, casquette vissée sur la tête, la main droite appuyée sur une canne en bois. Encore jamais vu, celui-là. Un nouveau, sans doute. Il me regardait fixement.

C'était un hostile.

Son regard était noir. Féroce. J'ai frissonné. Le Zombra hostile me dévisageait comme si j'étais un insecte à écraser, un moucheron, un cloporte. Pire… un cafard. Un truc qui pue et qui ne sert à rien.

Il a levé sa canne, menaçant. J'ai fait un pas de côté, l'hostile aussi. Je me suis retrouvé plaqué contre le mur. Aucun moyen de l'esquiver. J'ai levé le coude afin de protéger mon visage. Juste à ce moment, la porte s'est ouverte derrière moi. Je me suis retourné. Ma mère est sortie de la chambre. Le vieux a baissé le bras, esquissant une sorte de révérence. Il ne semblait plus du tout dangereux. Plutôt ridicule. Ridicule et pathétique.

Sans plus lui accorder le moindre regard, je suis entré dans la chambre de Mamé. Comme si rien ne s'était passé, j'ai réclamé ma part de tartelette à la rhubarbe en me frottant l'estomac.

Alors que j'avalais la dernière bouchée de mon goûter, j'ai entendu un petit clic. La poignée s'est baissée, la porte s'est ouverte. Une tête est apparue par l'entrebâillement, puis le corps tout entier. En le reconnaissant, j'ai failli m'étrangler.

Le Zombra hostile.

Il me poursuivait, ou quoi ?

Le vieux est entré dans la chambre en s'appuyant sur sa canne. Il me regardait toujours avec férocité. Je lui ai rendu son regard noir. À ce petit jeu, moi aussi je peux être très fort, si je veux. Mamé esquissait un sourire béat.

Quant à ma mère, elle ne s'est pas démontée.

— Monsieur ? Vous avez perdu quelque chose ?

Le Zombra hostile n'a pas répondu. Dans la foulée, une femme et une fille sont entrées à leur tour. Ça commençait à faire beaucoup de monde dans ces dix mètres carrés.

— Bonjour ! Excusez-nous.

La fille, je la reconnaissais. C'était Élisa, une fille du collège. Une autre troisième. Elle prend le même bus que moi, mais on ne s'est jamais parlé. On n'a jamais été dans la même classe. La femme, sans doute sa mère, a gentiment pris le Zombra par le coude.

— Venez, Élisée. Je vous ramène dans votre chambre.

Élisée, il s'appelait donc Élisée ? Comme les Champs… Drôle de nom pour un Zombra hostile.

— Excusez-nous pour le dérangement. Il n'a plus toute sa tête.

Chapitre 3

Ces derniers mots, la femme les a presque chuchotés.

— Ce n'est rien, a répondu ma mère en souriant, l'air de dire *ne vous en faites pas, je connais le problème.*

— Plus toute ma tête ?

Aïe. Le Zombra hostile avait tout entendu. Ses mots ont explosé comme un Demon XL. Il a brusquement dégagé son bras et nous a toisés de toute sa hauteur. Méprisant. Plus méchant que jamais.

— C'est VOUS qui déraillez. Je sais parfaitement où se trouve MA chambre.

Il a appuyé sur le VOUS et sur le MA. Très fort.

Le vieux s'est ensuite tourné vers la fenêtre et a désigné la montagne que l'on apercevait au loin, au-dessus des dernières nappes de brouillard.

— Elle est là-haut, MA chambre ! Chez MOI ! Dans MA maison !

— Oui, Élisée. Vous avez raison. Mais venez, nous dérangeons ces dames.

La mère d'Élisa a poussé un dernier soupir, puis elle a chuchoté.

— Excusez-nous encore pour cette intrusion. Élisée n'a pas pris ses médicaments aujourd'hui. Vous comprenez… à cause des analyses. On attend l'infirmière pour la prise de sang. Du coup… il est un peu… excité. Vous m'en voyez vraiment désolée.

De nouveau plus fort :

— Venez, Élisée.

Elle est sortie de la chambre, suivie d'Élisa qui n'avait toujours pas décoché un mot, mais me jetait de brefs coups d'œil en coin. Après m'avoir regardé une dernière fois de haut en bas, le vieux s'est à son tour dirigé vers la porte, qu'il a violemment claquée derrière lui. J'étais sûr qu'il l'avait fait exprès. Mamé a sursauté et mis ses mains sur ses oreilles. Ses mains ont tremblé, l'espace d'un instant.

Maudit Zombra.

Chapitre 4

Dans mon collège, ceux de la montagne n'aiment pas ceux de la vallée, et *vice versa*. Personne ne sait au juste vraiment pourquoi. C'est comme ça depuis toujours. Parfois, une bagarre éclate au portail entre ceux d'en bas et ceux d'en haut. Le pion posté à la sortie sépare les belligérants et réclame les carnets. Si le surveillant ne parvient pas à calmer le jeu, le CPE intervient. Là, ça devient sérieux. Les familles sont convoquées et ça se termine le plus souvent par un ou plusieurs jours d'exclusion.

Moi, je ne fais partie d'aucune bande. Je ne suis pas vraiment d'en haut, ni vraiment d'en bas et je n'aime pas la bagarre. J'habite avec ma sœur et ma mère dans une ancienne maison forestière, à 600 mètres d'altitude (j'ai vérifié sur une carte IGN, la maison se trouve exactement sur la courbe de niveau). 600 mètres d'altitude, ce n'est pas la vallée, ce n'est pas encore vraiment la montagne non plus. Nous vivons en lisière d'une vaste forêt peuplée de cerfs, de chevreuils, de renards, de hulottes et d'un tas d'autres bêtes sauvages qui font pas mal de raffut la nuit, surtout pendant la saison des amours.

Cette fille. Élisa. Comme moi, elle prend le bus de Saint-Pierre. C'est une fille de là-haut, une fille de la montagne. Chaque matin, à sept heures quinze, lorsque je monte dans le car, elle y est déjà, le sac posé sur le siège vide à côté d'elle, les écouteurs de son portable enfoncés dans les oreilles.

Elle a de longs cheveux noirs, de grands yeux violets qu'elle cache derrière une frange épaisse et une tonne de maquillage. Été comme hiver, Élisa s'habille en noir, vernis noir sur les dix ongles de ses mains. Ceux de ses pieds je ne sais pas, je ne suis pas au courant de ce qui se passe à l'intérieur de ses Dr. Martens. Une pierre minuscule brille sur sa narine gauche, des clous et des boucles percent la presque totalité de ses oreilles, lobes et pavillons compris. Avec tout ce métal et tout ce noir, elle veut se donner un look gothique. Rien d'étonnant quand on a pour grand-père un Zombra hostile.

Avant ce jour-là, Élisa ne m'avait encore jamais adressé la parole.

Élisée, Élisa.

Au moment de choisir un prénom pour leur fille, les parents d'Élisa ont manqué d'imagination. Peut-être était-ce une sorte d'hommage à l'ancêtre. Tout est possible en ce bas monde, comme dirait ma mère.

Ce jeudi-là, donc, comme d'habitude la place était vide à côté d'Élisa. Pourtant, quelque chose avait changé. Elle avait posé son sac sous son siège et ôté ses écouteurs. Elle m'a fait un signe de la main. J'ai hésité, j'avais peut-être mal vu. Elle m'a fait un nouveau signe. Cette fois, c'était sûr, c'était bien à moi qu'elle s'adressait. Ma curiosité étant finalement la plus forte, je me suis nonchalamment dirigé vers elle. Après avoir balancé mon sac sous le siège, je me suis assis sans hâte.

— Salut. Moi, c'est Étienne.

Elle a souri. Son sourire était moqueur.

— Je sais.

Ça n'avait pas traîné. Je m'étais déjà montré ridicule. Évidemment qu'elle connaissait mon prénom, autant que je connaissais le sien ! Dans notre petit collège, nous nous connaissons presque tous. Alors quand en plus, on prend le même bus… J'ai brusquement eu envie de me lever, de rejoindre ma place habituelle près de la fenêtre, trois rangées derrière le chauffeur. Poser mon front contre la vitre, regarder le paysage défiler en attendant mon pote Lucas. D'un côté le ravin, la rivière qui bondit sur les rochers au fond de la gorge étroite. De l'autre, la paroi grise, plus ou moins solide, ses pierres et ses rochers retenus par d'immenses filets métalliques comme des épées de Damoclès en suspension.

— C'était ta grand-mère, hier ?

J'ai hoché la tête. Élisa a souri de nouveau. Cette fois, je n'y voyais aucune trace de moquerie.

— Elle perd un peu la boule, mais elle est très gentille. Je l'adore. Et toi… Ce Zomb… ce vieil homme.

Le mot s'était avancé jusqu'au bord de mes lèvres. Heureusement, je l'avais retenu à temps.

— Celui qui est entré dans la chambre de ma grand-mère. C'est ton grand-père ?

— Élisée, mon grand-père ?

Élisa a éclaté de rire.

— Pas du tout, heureusement. Il n'est même pas de ma famille. C'est notre voisin, notre seul voisin.

— Donc Élisée, Élisa… c'est juste un hasard.

Elle m'a regardé, interloquée.

— Ben oui. Qu'est-ce que tu croyais ?

Je ne voulais pas avoir l'air plus ridicule encore, j'avais déjà battu tous les records. Il fallait que je m'explique.

— Je pensais… Élisée, Élisa. Tu vois. Je croyais…

Nouvel éclat de rire. Elle devait me prendre pour le garçon le plus niais du collège. De la planète, peut-être.

Vexé, je lui ai demandé d'un ton hargneux :

— Tu as vu comme il m'a regardé ? Il est vraiment chelou, ton voisin. Qu'est-ce que je lui ai fait ?

Élisa s'est arrêtée de rire.

— Rien. Tu ne lui as rien fait. Il est comme ça avec tout le monde. Méchant jusqu'au trognon.

— Pourquoi ?

— Ça…

Tandis qu'Élisa écartait les bras d'un air évasif, la manche de sa veste a glissé sur son poignet, laissant apparaître une dizaine de bracelets violets. Des violets de toutes sortes, du plus clair au plus foncé. L'un d'eux avait exactement la couleur de ses yeux.

— Il ne parle à personne. Jamais aimablement, en tout cas. C'est un ours, un vieil ours mal léché des montagnes. Je vais te faire une confidence : je l'appelle Furax. Furax des cavernes.

Furax des cavernes… Bien trouvé, pour un Zombra hostile !

— Moi aussi, j'ai une confidence à te faire. Les vieux, je les appelle les Zombras.

Chapitre 4

— Les Zombras ?

— Oui. Un mélange d'ombres et de zombies. Sauf ma grand-mère, bien sûr. Elle, c'est l'exception qui confirme la règle.

Élisa m'a dit que ça leur allait bien. Je lui ai expliqué ma classification : les Zombras résignés, les Zombras déambulatoires, les Zombras chantant(e)s, et enfin, les plus rares : les Zombras hostiles.

Chapitre 5

Puis Lucas est monté dans le car. Il a grimpé les trois marches, a salué le chauffeur, posé son sac, fouillé dans la poche de son anorak, sorti son badge, plaqué le badge sur la machine avant de le remettre dans sa poche. Le bus avait déjà redémarré. En apercevant Élisa à côté de moi, Lucas a fait une grimace de dépit. Il s'est passé les mains dans les cheveux pour se donner une contenance avant d'aller s'asseoir au fond.

— Tu habites où ? m'a demandé Élisa.

— Aux Essarts.

— Tes parents… ils font quoi ?

— Ma mère est maquettiste. Elle travaille pour un magazine nature.

— Et ton père ?

— Violoncelliste. Un grand violoncelliste, qui fait des tournées dans le monde entier et se fout pas mal de ses enfants. On a de ses nouvelles par les journaux… Une petite carte de temps en temps, pour Noël et les anniversaires. Et toi ? Tu habites où ?

— Au Château.

Le Château ? Je connaissais vaguement le coin pour m'y être parfois baladé, avec ma mère et ma sœur. Un hameau encore plus paumé que le mien, au fin fond de la montagne, à cinq ou six kilomètres de la dernière maison du village. Il n'y a pas grand-chose à voir là-haut, en dehors de la forêt, des rochers, des prairies, et des vaches dans les prairies qui regardent passer les promeneurs en ruminant de grosses bouchées d'herbe prédigérée. Et les ruines du fameux château. Quand j'étais petit, je m'imaginais preux chevalier pourfendant ses ennemis, sautant par mégarde dans le précipice et me rompant le cou cent mètres plus bas. Triste destin pour un chevalier.

Une pensée drôle m'est venue.

— Élisée… Il vit au Château… Élisée et le Château… Le Palais de l'Élysée ! Tu l'imagines président, toi ?

Elle a secoué la tête. On a ri ensemble, puis on a parlé d'autres choses.

Nous sommes arrivés à destination. D'un côté, le collège. De l'autre, la gendarmerie. Les collégiens sont bien gardés ! Le car s'est arrêté, crachant son flot d'élèves sur le parking.

— À ce soir. Je te garde une place dans le bus ?

— Non, ce soir on ne se verra pas, je ne prends pas le bus, ma mère vient me chercher. Je… je vais chez le dentiste.

Je mentais. Tous les jeudis, ma mère vient effectivement me chercher au collège après les cours, mais le dentiste n'y est pour rien. Elle m'emmène au conservatoire de Voiron : je joue du violon. Le violon, c'est mon secret, ma respiration. Peu de copains partagent ce secret. Il faut dire que je n'ai pas le look habituel du violoniste. Moi, question vêtements, je suis comme mes potes : plus proche de Black M que de Vivaldi. J'adore Vivaldi, pourtant.

— Tant pis, a répondu Élisa. On se verra peut-être samedi, à la maison de retraite ? Tu y seras, à leur petite fête ?

J'ai hoché la tête en soupirant. Bien sûr que j'y serais, à cette petite fête… Une fête spéciale, il faut bien le dire. Très spéciale. Je n'avais pas prévu qu'Élisa assisterait au truc. Cette perspective ne me mettait pas franchement à l'aise.

— Bonne journée, a conclu Élisa. À samedi, donc. Et bonne chance pour le dentiste ! Je croiserai les doigts pour toi.

Elle s'est éloignée.

Lucas me regardait de travers. Je devais me faire pardonner cette petite trahison.

— Désolé, mec. J'ai fait connaissance avec Élisa à la maison de retraite de ma grand-mère, hier.

— Et… ?

— Et… rien. Rien de spécial. Elle est sympa, c'est tout. Tu n'es pas jaloux, quand même ?

— Elle est d'en haut… Enfin, ça ne me regarde pas, ce que vous faites. Je voulais te parler de quelque chose. J'ai vu un nouvel épisode de *The Walking Dead*. Le tout dernier. Ça t'intéresse ?

Lucas allait me *spoiler*, une fois de plus… c'était sa spécialité. Mais ce n'était pas grave, parce que Élisa m'avait mis de bonne humeur. J'avais envie de faire plaisir à mon pote. On a parlé des vacances qui approchaient à grands pas, plus que deux jours… Lucas m'a donc raconté le dernier épisode de *The Walking Dead*, et il a oublié sa jalousie.

Chapitre 6

Deux jours plus tard, c'était jour de fête à la maison des Zombras. Noël avant l'heure. Sur les tables avaient été disposées nappes et serviettes blanches, assiettes de faïence, branches de houx vert et de sapin. Au menu : avocats-crevettes sauce cocktail, dinde, haricots verts en fagots et pommes dauphine (j'adore !), fromage et bûchette glacée. Élisa occupait la table d'à côté avec ses parents et Furax. Assis droit comme un I, loin d'être avachi comme les résignés, l'hostile me jetait de vagues regards en coin. Je ne pouvais m'empêcher de lui rendre ses regards. C'était plus fort que moi.

Après le repas, le personnel a débarrassé les tables, qui ont été poussées contre le mur pour faire de la place. Les chaises ont été alignées sur plusieurs rangées. Place au spectacle !

Quelques tours de magie, pour commencer. Ensuite, chansons choisies du club des Zombras chantant(e)s.

Mon tour arrivait après les chansons. Mon cœur battait plus vite.

Le clou du spectacle, ce jour-là, c'était moi, Étienne. Moi et mon violon, plutôt… une surprise pour Mamé. Peut-être la musique se fraierait-elle un chemin dans la mémoire usée de ma grand-mère. Peut-être reconnaîtrait-elle son petit-fils, sur la scène ?

Pendant le repas, j'avais entendu des chuchotis, des voix dans mon dos. J'avais surpris des regards tournés dans ma direction. Les regards des familles, surtout. Comme toujours, ceux des Zombras étaient un peu ailleurs.

J'étais prêt. Le matin, juste avant de partir, j'avais passé de la colophane sur l'archet, j'avais accordé une dernière fois mon violon, je l'avais lustré avec mon chiffon doux, afin qu'il brille de toutes ses forces.

Pourtant, le trac montait.

Ce n'était pas la première fois que je jouais en public, mais je connaissais la chanson par cœur. Les jambes en coton, le cœur en chamade, et cette drôle de petite douleur qui vous pince l'estomac. Le trac, quoi ! Cette fois encore, il se cachait au fond de moi, comme un renard s'apprêtant à grignoter l'intérieur de mon ventre.

Ce morceau, tu l'as préparé pour Mamé, tu te fiches bien des autres, tournait en boucle une petite voix dans ma tête, la petite voix de la raison qui aurait bien aimé me rassurer.

On s'en fout, de l'avis des Zombras. Tu sais bien qu'ils t'écouteront à peine.

Oui, mais il y avait Élisa. Élisa qui n'était pas prévue au programme !

Et tu t'en fiches d'Élisa, a ajouté la petite voix.

La directrice m'a fait signe. J'ai sorti le violon de sa

boîte et j'ai vissé l'archet afin de tendre la mèche. Violon dans une main, l'archet dans l'autre, j'ai rejoint la scène.

La directrice a posé une main sur mon épaule.

— Je vous présente Étienne, le petit-fils de madame Roux. Peux-tu nous dire le titre du morceau que tu vas interpréter pour nous, Étienne ?

— *Oblivion*. Une pièce d'Astor Piazzolla.

— *Oblivion* ? Piazzolla ?

Elle me regardait, étonnée. Manifestement, la directrice de la maison des Zombras n'avait jamais entendu parler d'*Oblivion*, ni de Piazzolla.

— Astor Piazzolla, c'est le maître du tango argentin. Et *Oblivion*, c'est un tango de Piazzolla.

Tous les regards étaient rivés sur moi. Ce jour-là, je jouais seul. L'orchestre n'était pas là pour me rattraper. Une fausse note, une seule malheureuse petite fausse note de rien du tout, et tout partait en vrille. Ma mère me mangeait des yeux. Mamé me regardait, intriguée. Élisa et ses parents me souriaient.

Le plus étonnant, c'était le regard du Zombra hostile.

Quand il m'a vu prendre mon violon et rejoindre la directrice, il a eu l'air encore plus furieux que l'autre fois. Furax méritait bien son surnom ! Mais lorsque j'ai prononcé le mot *tango*, sa vieille face de Zombra a changé d'expression. Il a eu un bref soubresaut, à peine perceptible. Sa férocité se changeait en curiosité, me semblait-il. L'effet du champagne, sans doute.

J'ai ouvert mes poumons et j'ai pris une profonde inspiration. Si je restais crispé, rien de bon ne pouvait sortir de mon instrument. J'ai baissé mes épaules, j'ai ancré mes deux pieds dans le sol, répartissant l'équilibre de mon corps sur mes deux jambes. J'ai posé le violon sur mon épaule gauche, j'ai calé mon menton dans la mentonnière, j'ai levé la main droite, et j'ai posé l'archet sur les cordes. Mon bras devait être souple, mon poignet dans une position naturelle, *bio* comme dit Mathilde, comme elle le répète si souvent.

Mathilde, c'est ma prof de violon. Dès mes débuts, elle m'a pris sous son aile. Me poussant à faire toujours mieux, à donner le maximum. N'hésitant pas à me bousculer. Combien de fois n'a-t-elle pas menacé de me jeter par la fenêtre lorsque je n'étais pas assez attentif, pas assez concentré ? Quand j'étais petit, je la croyais. J'avais peur : la salle de violon se trouve au deuxième étage. Alors je m'appliquais davantage. Je pleurais, parfois, lorsque le violon ne m'obéissait pas, que les notes m'échappaient et que je me sentais impuissant. Je pensais que je n'y arriverais jamais, que je ne pouvais pas mieux faire, que Mathilde me demandait l'impossible. À la fin du cours, elle me tendait un mouchoir pour sécher mes larmes, puis me prenait dans ses bras, me disant que ce serait mieux la fois suivante. J'étais un petit garçon génial mais il fallait que je travaille encore davantage à la maison si je voulais donner le meilleur de moi-même, elle comptait sur moi. C'était cela, l'important : elle comptait sur moi. Elle me faisait confiance. Maintenant, j'ai quatorze ans, je ne pleure plus. Enfin… presque plus.

J'ai inspiré un grand coup.

Un, deux, trois, quatre…

C'était parti.

Chapitre 7

L'archet allait et venait sur les cordes. *Sol, ré, la, mi.* Quatre cordes seulement, une infinité de notes et de combinaisons possibles. Certaines, dans l'*Oblivion*, sont particulièrement aiguës. Pourvu que mon archet ne dérape pas.

La voix de Mathilde dans ma tête.

— Allez, Étienne, tiens-toi droit, vas-y, vibre. VIBRE !

Obéissant à l'injonction, je me suis redressé. Les doigts de ma main gauche vibraient sur la touche, la droite virevoltait et guidait l'archet. Je restais parfaitement concentré sur mes gestes, sur ce qui se passait.

Pas un seul raclement de gorge. Quelque chose était en train de se passer chez les Zombras. Même ceux qui, d'habitude, avaient du mal à se concentrer et murmuraient en continu restaient silencieux, portés par la mélodie de l'*Oblivion*. Tous transformés, pour un temps, en Zombras attentifs.

C'était déjà fini.

Un premier clap, timide.

Un deuxième.

À présent, toute la salle applaudissait.

J'ai salué et j'ai fait quelques pas vers Mamé. La voix de la directrice m'a rappelé.

— Étienne !

Je suis revenu près d'elle. Cette fois, elle a posé ses deux mains sur mes épaules et m'a embrassé.

— Merci, Étienne. Et bravo ! C'était magnifique !

Elle s'est retournée vers l'assistance.

— Madame Roux, vous pouvez être fière de votre petit-fils. Je crois que l'on peut lui faire une ovation, non ?

Nouveaux applaudissements. J'ai salué une seconde fois, puis je suis retourné vers ma famille. Ma mère m'a félicité.

— C'était très bien, Étienne. Bravo !

Les yeux de Mamé brillaient. Quelques larmes étaient restées accrochées au bord de ses cils. J'ignorais ce que l'*Oblivion* avait réveillé en elle, mais elle avait pleuré. Maintenant, elle souriait à travers ses larmes.

Ophélie a marmonné :

— Pas mal, frérot, pas mal. Je t'ai filmé avec mon portable, je montrerai à Léo.

J'ai grogné par principe. Au fond de moi je n'étais pas mécontent, ma sœur étant par nature plutôt avare en compliments, en particulier en ce qui concernait le frangin et son violon.

Furax avait ôté son couvre-chef. Son crâne brillait sous la lumière acide des néons. Les yeux animés d'une étrange lueur, il me regardait fixement en tripotant sa casquette. Quand il s'est aperçu que je le regardais, moi aussi, il a remis sa casquette et m'a fait signe d'approcher.

— Viens là, Étienne. Viens.

Il m'appelait par mon prénom ! Les convives étaient retournés à leurs conversations. Ma mère s'était levée et faisait connaissance avec les parents d'Élisa.

Sans me lâcher du regard, le vieux a désigné mon instrument.

— Pas mal, ce violon. Tu sais pourtant qu'il y a mieux. Beaucoup mieux.

Évidemment qu'il n'était pas mal, mon violon. Qu'il y eût mieux, beaucoup mieux, c'était tout aussi évident. Pour qui me prenait-il, ce vieux fou ? Je n'ai pas répondu, par crainte de réveiller sa colère.

— Avant de rentrer chez toi, passe me voir. Je dois te parler. Tu me trouveras dans la chambre en face de celle de ta grand-mère. La chambre 16.

Il n'avait pas dit *MA chambre*. Il avait dit la *chambre 16*. Il n'avait pas l'air agressif, mais son coup de sang de l'autre jour restait planté dans ma mémoire comme un couteau. Je n'oubliais pas son regard noir, sa voix rauque, pleine de colère. Sa canne levée sur moi.

Comme je ne répondais pas, il a insisté.

— Il faut que je te parle. C'est très important.

J'ai hoché la tête et je me suis tourné vers ma mère. Comment faire autrement ? Je devais bien me rendre à l'évidence : j'étais incapable de résister à cet appel.

— Maman… est-ce que j'ai le temps de passer un petit moment chez F… chez le voisin de Mamé, avant qu'on parte ?

— Bien sûr ! Ne reste pas trop longtemps, je voudrais

remonter avant la nuit.

Et c'est ainsi que je me suis rendu, pour la première fois, dans l'antre du Zombra hostile. J'aurais dû me méfier, pourtant. Oh oui, comme j'aurais dû écouter la petite voix qui me disait *n'y va pas…*

Chapitre 8

Même couleur sur les murs, qui tirait vers le saumon, même lit médicalisé. La chambre 16 différait peu de celle de ma grand-mère, si ce n'est par son absence totale de décoration et de coquetterie. On n'aurait pas dit que quelqu'un vivait là. Peut-être Furax ne vivait-il pas, tout simplement. Peut-être se contentait-il de survivre. Aucune photo, pas de fleurs sur la table de nuit. Juste un paquet de papillotes et une grande bouteille de Coca vide. C'était bizarre, un vieux Zombra qui buvait du Coca.

Il a avancé une main vers la table de nuit. C'est seulement à cet instant que j'ai remarqué les poils noirs, drus et fournis, qui poussaient sur le dos de sa main, le dessus de ses doigts. Normal, je me suis dit, pour un Furax des cavernes.

— Prends-en une. Prends une papillote !

J'ai hésité. Mon estomac était encore plein du bon repas de midi, un peu barbouillé par l'émotion du mini-concert et par le verre de champagne que ma mère m'avait autorisé à boire. Je me méfiais. Qui sait… peut-être les papillotes étaient-elles empoisonnées ? Peut-être Furax y avait-il injecté une drogue, à l'aide d'une seringue ?

Le vieux Zombra a insisté.

— Prends. On n'avait pas ça, quand on était petits.

On ?

— Tu devrais en profiter, non ? Ça ne te ferait pas de mal, un peu de chocolat. Désolé pour le Coca. J'ai vidé la bouteille, comme tu vois, et je n'en ai pas d'autre.

Il a mangé une papillote devant moi, ce qui a levé mes dernières hésitations. En défaisant le papier brillant, j'ai découvert la blague, qui n'était même pas drôle. J'ai introduit le chocolat dans ma bouche. Éclats de praliné. C'était fondant et croustillant à la fois, c'était bon. J'ai savouré. Chez ma mère, on ne peut pas manger une seule papillote avant le 25 décembre. Il faut savoir attendre, dit-elle, il y a des choses à respecter et la date précise de Noël en est une.

— Je hais Noël, a soudain déclaré le vieux Zombra, comme s'il lisait dans mes pensées. Tu devrais le savoir ! Les lumières, les guirlandes… J'en ai horreur ! Comme tu imagines, je ne voulais pas participer à tout ce cirque, mais la directrice est venue dans ma chambre. Elle m'a forcé à descendre. Ce morceau que tu as joué tout à l'heure… ce tango…

Il a laissé sa phrase en suspens.

— Montre-moi ton violon.

N'osant pas désobéir à ce qui ressemblait à un ordre, je lui ai tendu mon instrument. Il l'a examiné sous toutes ses coutures. Il a fait glisser ses doigts sur les cordes et a approché ses yeux des ouïes du violon. Je ne le quittais pas du regard, redoutant qu'il le laisse tomber ou le cogne contre un mur dans un nouvel accès de fureur.

— Je t'ai écouté jouer, tout à l'heure. Tu as donc fini par apprendre… Tu m'as dépassé, on dirait.

Le vieux me prenait pour quelqu'un d'autre. Alzheimer l'avait rattrapé, comme il avait rattrapé ma grand-mère. On ne court jamais assez vite devant cette saloperie de maladie.

— Quand je t'ai vu arriver avec ton violon, tout à l'heure, je me suis dit : Encore lui ! Ce petit prétentieux va nous casser les oreilles avec son crincrin. J'ai failli partir. Puis tu as joué ce tango. C'est à ce moment-là que je t'ai reconnu. Étienne. C'est bien toi. J'ai mis le temps.

Il a répété :

— Tu as donc fini par apprendre… Tu as bien fait. Pour moi, c'est trop tard. Ça fait longtemps qu'il est trop tard. Tu te souviens du violon de monsieur Alex ? Ça oui, c'était un violon, un vrai. Un violon exceptionnel. Le Prince des violons. Une Ferrari.

Son regard est devenu fixe. Comme celui de Mamé, quand elle ne me reconnaît pas. Quand elle est perdue dans ses souvenirs.

Il a ricané.

— Le Prince des violons ! C'était bien la peine d'être aussi beau, d'avoir une aussi belle voix, d'aussi grands pouvoirs, pour en arriver là. Il est maudit, à présent ! Enfermé à jamais dans une armoire, au fond d'un grenier, au milieu des araignées et de la poussière. J'en avais pris soin, pourtant. Je l'ai protégé pendant soixante-dix ans. Mais lui ne pensait qu'à une seule chose : venger son maître. Venger monsieur Alex, que la musique n'avait pas pu sauver. La musique ne sauve personne. Tu devrais le savoir, toi… Approche-toi donc, Étienne. Puisque tu m'as retrouvé.

Je me suis approché de lui, méfiant. Je pouvais sentir son haleine et l'odeur de son pull gris. Une odeur de chien mouillé.

— Tu te souviens ? Le violon de monsieur Alex… le magnifique violon de monsieur Alex. Le Prince. Tu m'enviais, n'est-ce pas ? Tu aurais voulu que le maître t'apprenne, à toi aussi. Tu étais jaloux. Avoue !

Avouer quoi ? Je n'avais jamais connu le Prince des violons, ni ce monsieur Alex. Il me prenait pour quelqu'un d'autre, un autre Étienne qu'il aurait connu autrefois. J'ai tenté de protester, mais le vieux Zombra continuait, imperturbable.

— Le Maudit est enfermé dans le grenier de ma maison, là-haut, au Château. Enfermé pour toujours. Je l'ai puni. Puni pour tout le mal qu'il m'a fait. À mon tour, je me suis vengé. Il a perdu ses pouvoirs, il a perdu son âme. Il est maudit. Maudit pour l'éternité. Tu n'as pas tenu ta promesse, Étienne. Tu n'es jamais revenu. Tu m'avais promis, pourtant. Alex et Ada sont morts. C'est notre faute. Tu le sais. Moi, j'ai été puni. Mais toi ?

Il m'a attrapé par le bras.

— Toi… tu t'es sauvé. Comme un lâche. Tu ne vaux pas mieux que moi. N'as-tu pas peur des fantômes ?

Les fantômes ?

— Peut-être connaîtras-tu un jour la peur, toi aussi. La vraie. Celle qui te donne la chair de poule et hérisse tes cheveux au sommet de ton crâne. Peut-être la vengeance du violon passera-t-elle sur toi aussi. Qui sait ?

Il m'a lâché, avant de ricaner une dernière fois.

Chapitre 8

— Sors d'ici. Je n'ai rien d'autre à te dire. Je t'aurais averti. Tu ne viendras pas pleurnicher.

Pleurnicher ? À mon âge ? Furax était décidément complètement fou. Il m'avait traité de prétentieux et de lâche. Je n'allais quand même pas me laisser insulter sans réagir.

— Monsieur… je n'ai rien compris à ce que vous m'avez dit. Je ne suis pas le garçon dont vous parlez. Cet Étienne-là, ce n'est pas moi. Vous vous trompez. Moi, je suis le petit-fils de madame Roux, votre voisine.

Je suis sorti de la chambre, me retenant de claquer la porte. Le regard du vieux Zombra était devenu vague. Toute chaleur – toute vie – s'était retirée de ses joues creuses. Ne restait que la couleur pâle et terne d'une vieille peau parcheminée, tannée par le temps.

Chapitre 9

Élisa m'avait invité à passer l'après-midi chez elle, au Château. Ma mère travaillait et ne pouvait pas me monter. Pas grave. Ma carte de bus me permettait de prendre la ligne régulière. J'allais passer l'après-midi avec Élisa… C'était grave cool, d'autant plus que j'avais une petite idée derrière la tête.

Depuis deux jours, le violon de Furax accaparait toutes mes pensées. Prince ? Maudit ? Peut-être un vieux violon pourri, tout simplement… Ou pas de violon du tout. Rien que des craques pour m'épater, me faire peur. On pouvait s'attendre à tout, de la part d'un vieux Zombra hostile. Le meilleur moyen de savoir si ce Prince des violons existait, c'était de vérifier. Furax ne voulait pas que je touche à ce violon. Il m'avait parlé de fantômes et de vengeance. Sa mise en garde m'excitait terriblement. Je ne croyais pas aux fantômes. Des fables pour faire peur aux petits.

On verrait, si j'étais un lâche…

Il avait dit que ce violon était un Prince, une Ferrari. Il aurait pu dire un Stradivarius, le mot aurait été plus approprié. Le violon de Mathilde n'est pas un Stradivarius, mais presque. C'est un Gagliano. Il a jadis appartenu à un peintre-musicien célèbre, Lucien Mainssieux. Ce violon vaut plusieurs dizaines de milliers d'euros, m'a dit un jour Barbara, la luthière. Plus cher qu'une voiture ? Je pensais qu'elle exagérait, qu'elle voulait juste m'épater. J'ai fait quelques recherches sur Internet. Barbara ne m'avait pas menti. Un Stradivarius, un vrai, vaut plus cher qu'une Lamborghini !

Le bus est arrivé à Saint-Pierre. Il s'est arrêté sur la place principale du village. Quelques voitures étaient garées près de la fontaine. Près d'une Twingo, Élisa et sa mère me faisaient de grands signes. Après les embrassades de circonstance et de nouveaux compliments sur ma prestation, j'ai pris place à l'arrière de la voiture.

La route qui montait jusqu'au Château était étroite, tortueuse. Un chevreuil a brusquement déboulé devant la Twingo, avant de disparaître dans les broussailles.

— Heureusement que je n'allais pas trop vite ! s'est exclamée Claire. À cette époque, on devrait plutôt voir des mouflons. Mais la neige tarde à venir. Tant qu'ils trouvent à manger, les mouflons restent sur les sommets. Étienne, tu vois les ruines, là-haut ? Cela veut dire que nous sommes presque arrivés.

Encore quelques zigzags, et on y était. Prolongeant la route, un large chemin grimpait en lacets vers les ruines du château médiéval. Claire a garé la voiture en face d'un ancien four à pain. Il y avait quatre maisons seulement, dans le hameau. C'était paumé de chez paumé. Pire que chez moi ! Ce qui n'est pas peu dire. Une seule maison était habitée. Les trois autres étaient en piteux état. Vitres cassées, toits crevés, façades envahies de lierre.

— Élisa, propose un jus de fruit à Étienne. Ensuite, vous irez chez le voisin, pour aérer et donner à manger aux chats. Surtout, ne touchez à rien.

— Promis, maman.

— Je vous laisse, j'ai du travail.

La maison d'Élisa était mitoyenne. Tout le côté gauche était rénové. Porte d'entrée et volets bleus, pierres apparentes jointes par un joli ciment de couleur beige. Plus ensoleillé, donnant vers le sud, l'autre semblait à l'abandon : volets fermés et écaillés, crépi lépreux tombant par plaques. Le petit jardin attenant était en friche.

Élisa a croisé mon regard.

— C'est la partie de Furax.

Je m'en serais douté. Sur le perron, quelques chats se chauffaient au pâle soleil de décembre.

— Et là, ce sont ses chats, a-t-elle ajouté.

Je m'en doutais aussi.

— Avant, il y en avait partout. Furax ne doit pas savoir que ça existe, la pilule et la stérilisation. Après son départ forcé pour la maison de retraite, on a pu en emmener quelques-uns à la SPA. Ils ont tous été adoptés. Ces trois-là sont trop vieux. Eux aussi, ils sont à la retraite. On s'en occupe, en attendant.

En attendant quoi ? Me doutant de la réponse, je n'ai pas osé poser la question.

Élisa a poussé la porte.

— Ici, c'est chez nous.

La porte d'entrée donnait directement dans une grande pièce qui servait à la fois de cuisine et de salle à manger. L'endroit était chaleureux. Une table occupait le centre de la pièce. Sur la toile cirée, un compotier rempli de mandarines, de pommes ridées et de raisin. Suspendues au-dessus de la cuisinière, des casseroles en cuivre parfaitement astiquées renvoyaient une lumière douce et dorée. Le poêle était allumé ; il faisait bon. Avec son look gothique, ses vêtements noirs et ses piercings, Élisa détonnait un peu dans le décor.

— Jus d'orange ou d'ananas ?

— Ananas.

— Bon choix ! Ça sera ananas pour moi aussi.

Élisa a posé deux verres, deux pailles et la brique de jus sur la table, puis elle s'est assise en face de moi. On a parlé de plein de choses, de nos vies. Elle m'a raconté un peu de la sienne au Château, sa vie d'ermite, j'ai dit, pour la charrier. Ça l'a fait sourire. Quand elle sourit, elle est encore plus belle. J'oublie tout ce noir sur ses vêtements, ce noir sur ses ongles, ce noir autour de ses yeux.

Lorsqu'elle était petite, ses parents habitaient la banlieue de Lyon. Ils cherchaient une maison dans la montagne. Lors d'une randonnée, ils sont tombés amoureux de cette vieille bâtisse qui correspondait exactement à ce qu'ils cherchaient. Ils ont acheté, s'endettant pour vingt ans. Les travaux ont commencé. Du travail, il y en avait pour rendre la maison habitable ! Ils ont déménagé quand Élisa est entrée en quatrième. Dans la foulée, Philippe, son père, a changé de travail. Ingénieur en informatique, il est devenu accompagnateur en moyenne montagne. Claire cuisine fruits et plantes sauvages, qu'elle vend sur les marchés et dans les boutiques de produits régionaux.

Chapitre 9

— Le hic, a ajouté Élisa, le truc dans l'histoire qui n'arrangeait personne, c'est que lorsqu'ils l'ont achetée, la maison était mitoyenne. Mitoyenne sans gêne, disait l'agence. Tu parles ! Il y avait ce type bizarre et méchant, qui habitait l'autre moitié de la maison. Il paraît que Furax a toujours vécu là, avec ses chats. Ses chats et les ancêtres de ses chats, j'imagine. Un jour j'ai voulu en prendre un dans mes bras, juste pour lui faire un câlin. Je l'ai vite regretté.

— Pourquoi ? Un chat, c'est fait pour ça. Pour les câlins.

En prononçant ces mots, je pensais à Zibulon. Zibulon est noire comme la nuit. Ça lui donne un air mystérieux. Le soir, lorsqu'elle miaule à la fenêtre de la cuisine pour rentrer, on ne voit que ses yeux, qui sont comme deux grains de raisin jaune luisant dans le noir. Zibulon est parfaitement capable de se fondre dans le paysage. Elle est trop forte. C'est le meilleur des chats de chasse, aucune souris ne lui résiste. On a un check, tous les deux. Quand on se rencontre quelque part dans la maison, je me mets à quatre pattes. Zibulon avance vers moi, pose son front contre le mien et me donne quelques petits coups de tête. Je la remercie en lui octroyant caresses à volonté.

— Moi aussi, je croyais ça, a répondu Élisa. Tu parles… Le chat m'a filé un grand coup de griffe, juste pour le plaisir. J'ai crié. Furax s'est précipité. Je croyais que c'était pour me consoler, me dire un petit mot gentil, un truc comme ça. Rien du tout ! Il m'est tombé dessus, me criant de ne pas toucher à une seule moustache de ses minets chéris, de les laisser tranquilles. Depuis, j'ai compris la leçon. Je fais toujours un large crochet pour ne pas passer devant sa porte. Pour les éviter, lui et ses chats. Je devrais plutôt dire je *faisais* le crochet, parce que maintenant, comme tu le sais, Furax ne vit plus ici. Au train où vont les choses, il n'y retournera jamais, dans sa maison.

— Au moins, maintenant, il n'est plus seul.

— Il n'aime pas les gens, de toute façon. Tu vois, malgré sa méchanceté, je ne peux pas m'empêcher de penser qu'on aurait pu le laisser tranquille. Il serait mort chez lui, dans cette maison qu'il a toujours connue, entouré de ses chats et de ses montagnes. Tu as vu sa réaction quand ma mère a voulu le ramener dans sa chambre, là-bas, chez les Zombras !

Les Zombras… Élisa parlait comme moi, maintenant.

— Ici, il était tranquille, il ne demandait rien à personne. Enfin… pas grand-chose. Une fois par semaine, mes parents descendaient dans la vallée faire ses courses. Jamais il n'a accepté d'autre aide. Tu crois qu'il aurait dit merci ? Même le médecin, il ne voulait pas le voir. En septembre, quelques jours après la rentrée, il est tombé malade. On l'a emmené à l'hôpital, pratiquement de force. Il y a passé quinze jours, ensuite il est resté deux mois en maison de repos. Le SAMU social est intervenu et a ordonné son placement en maison de retraite. La suite, tu la connais, ou tu la devines. Il n'accepte pas son placement. Déjà avant, il était constamment en colère. Maintenant, c'est encore pire ! La seule fois où je l'ai vu se détendre, c'est quand tu as joué du violon. C'était comme si… comme si ta musique l'avait transformé. On aurait dit un autre homme. C'était incroyable.

Elle a secoué la tête.

— Vraiment incroyable.

Chapitre 9

Puis elle a soupiré.

— Il faut aller donner à manger aux chats. Je te préviens : pour entrer chez Furax, il te faudra du courage.

— Du courage ? Pourquoi ?

— Tu verras ! a-t-elle répondu, en faisant un clin d'œil.

Chapitre 10

La porte s'est ouverte dans un grincement peu engageant.

— Après toi, a déclaré Élisa. Les invités d'abord !

Lorsque je suis entré, une forte odeur m'a pris le nez, la gorge. Un bref coup d'œil autour de moi, et j'ai compris pourquoi Élisa m'avait dit qu'il me faudrait du courage... Il en fallait, en effet, pour entrer dans cette maison sinistre ! Pour résumer, c'était vieux, c'était moche, c'était sale, et ça puait le moisi. Élisa a ouvert la fenêtre et les volets, pour aérer. Un flot de lumière s'est engouffré dans la maison ; les toiles d'araignées suspendues entre les poutres du plafond ont frémi sous la caresse du petit courant d'air.

Quelque chose m'a soudain frôlé le mollet. J'ai sursauté. Ce n'était qu'un chat. Puis un deuxième, un troisième. Profitant de la porte ouverte, les chats de Furax étaient entrés et réclamaient leur pitance.

— Ils ont toujours faim. De vrais ventres sur pattes !

J'avais hâte de monter au grenier, mais je devais

maîtriser mon excitation et patienter encore un peu. J'ai regardé autour de moi. Comme chez Élisa, la porte donnait directement sur la cuisine. Ici, pas de large baie vitrée, mais deux petites fenêtres aux carreaux si crasseux que l'on voyait à peine à travers. Calé dans un angle de la pièce, un fauteuil défoncé, vert et poussiéreux. Poussé contre le mur, un vieux buffet. Au centre de la cuisine, une petite table encombrée de journaux jaunis et de sacs de croquettes. Un vieux fourneau en fonte ; sur le fourneau, une casserole. J'ai soulevé le couvercle, et je l'ai vite reposé, dégoûté. Un reste de lait caillé était resté collé au fond. Quant à l'évier encombré de vaisselle sale, il avait dû être blanc… un jour. Comment pouvait-on laisser une personne âgée, même un Zombra hostile, vivre dans une telle crasse ? Je les comprenais, moi, les services sociaux.

— Je ne voudrais pas critiquer, mais… pourquoi ils ne viennent pas faire un peu de ménage, tes parents ?

— Si tu savais le nombre de fois où ma mère est allée proposer un coup de main à Furax. Pour les courses, c'était toujours oui. Pour le reste, toujours non. C'est tout juste s'il ne la recevait pas à coups de balai. À coups de bâton, plutôt. Parce que le balai, dans ce taudis, c'est un objet inconnu.

— C'est plus prudent, tu sais… un balai, c'est dangereux. À la maison des Zombras, la première fois que je l'ai vu, Furax a essayé de m'assommer avec sa canne !

Élisa a éclaté de rire, ce qui m'a un peu vexé.

— J'imagine la scène… Un petit vieux essayant d'assommer un grand garçon… avec sa canne de petit vieux !

CHAPITRE 10

— Très drôle. Qu'est-ce que ça va devenir tout ça, si personne ne peut l'entretenir ? Ça va tomber en ruine !

— Le rêve de mes parents serait de racheter la maison pour en faire un gîte. Pourquoi crois-tu que ma mère lui rend visite chaque semaine ?

— Pour l'amadouer ?

— Exactement. La partie de Furax est la plus ensoleillée, tu as bien vu. Son jardin aussi. Il y avait un potager autrefois, paraît-il. Ma mère rêve d'y faire pousser des légumes anciens, adaptés au climat de la montagne. Moi, je crois qu'il ne lâchera rien. Il est malin, Furax. Il a compris depuis longtemps pourquoi mes parents sont si sympas avec lui.

Pendant qu'elle donnait à manger aux chats, et en attendant de monter dans le grenier, j'ai exploré les lieux, cherchant des indices qui confirmeraient l'hypothèse d'un Furax violoniste. Sur le buffet, la couche de poussière était épaisse. J'ai tracé quelques smileys avec mon doigt, puis j'ai ouvert les tiroirs. Dans le premier, quelques couverts dépareillés. Dans le second, des papiers, des calendriers périmés, quelques images de montagne, une photo ancienne, en noir et blanc, encadrée. Une bien curieuse photo, complètement incongrue dans le décor. J'ai sorti le cadre du tiroir, et passé un coup de manche sur le sous-verre pour en ôter le plus gros de la poussière.

Un couple de danseurs prenait la pose. Du tango, me semblait-il. Très belle, la femme avait été photographiée de face. Dégageant son beau visage, un épais chignon retenait ses cheveux en arrière ; une fleur était piquée derrière son oreille. La photo était en noir et blanc, mais j'imaginais sa robe d'un beau rouge foncé. On ne distinguait pas bien le visage de l'homme, photographié de trois quarts, mais il était très élégant.

— Qu'est-ce que tu regardes ?

J'ai tendu le cadre à Élisa. À son tour, elle a examiné la photo sous toutes ses coutures.

— C'est Furax, tu crois ?

— Furax en danseur élégant ? Tu rigoles…

Elle a fait glisser la photo du cadre.

— Il y a peut-être quelque chose marqué derrière…

Élisa avait raison. Au dos de la photo était inscrite une dédicace à l'encre violette, un peu délavée par les années, mais encore bien lisible.

Pour Élisée, en souvenir de son premier tango.
Alex.
7 mars 1942.

Alex ! Ce fameux monsieur Alex dont m'avait parlé le Zombra hostile.

— Du tango ! C'est bien ce que je pensais. 1942, c'est vieux ! Le danseur ne peut pas être Furax. Il n'est quand même pas si âgé que ça. C'est plutôt Alex, l'auteur de la dédicace.

Alex n'était donc pas seulement violoniste. Il dansait le tango… ce qui expliquait peut-être la réaction de Furax lorsque j'avais joué l'*Oblivion*, le jour du pseudo-Noël. Si cet Alex avait réellement existé, il y avait des chances que le violon existe, lui aussi. J'étais de plus en plus excité. Je ne pouvais plus attendre.

J'ai donné un coup de menton vers le plafond.

— Il y a un grenier, ici ?

— Oui. Comme chez moi. Comme dans toutes les vieilles maisons.

— On ne pourrait pas y monter et jeter un coup d'œil ?

— Pourquoi ? Tu aimes la poussière ? Le bazar ? Les araignées ?

— Oui, surtout les araignées. Je les adore… Je suis curieux de nature. On ne va quand même pas abandonner notre exploration en si bon chemin ! J'ai envie de voir comment c'est, là-haut.

— D'accord. Tu vois cette porte, là-bas ? C'est là. Je passe devant.

— Vas-y. Je te suis.

Les dix-sept marches ont craqué dans la pénombre. Dans le grenier m'attendait un mystérieux violon. Ou pas. Peut-être le vieux Zombra avait-il inventé cette histoire de toutes pièces, à partir d'une simple photo dédicacée… J'allais enfin être fixé.

Chapitre 11

Une petite lucarne filtrait une lumière diffuse, tamisée par la poussière. Élisa avait raison. Comme en bas, le bazar était indescriptible. Les poutres étaient couvertes de toiles d'araignées. Sur le plancher gisaient des dizaines de nids de guêpes crevés, tombés de la charpente. Heureusement, en cette saison, ils étaient inhabités.

Je l'ai très vite repérée. Au milieu du grenier, dans un invraisemblable bric-à-brac, trônait une très grosse armoire à glace. C'était elle, forcément ! Il n'y avait pas d'autre armoire.

Il était grand temps de passer à l'action.

J'ai pris la main d'Élisa et je me suis approché de l'armoire. L'imposant miroir qui couvrait toute la surface de l'unique battant renvoyait notre image dans la pénombre. On pouvait y voir deux ados. Une fille aux longs cheveux et aux yeux violets, tout habillée de noir. Élisa, quinze ans. Un garçon aux cheveux châtains et bouclés, aux yeux noisette, vêtu d'un sweat Coca-Cola, d'un pantalon gris, et d'une paire de baskets. Moi,

Étienne, quatorze ans.

J'ai lâché la main d'Élisa.

— Élisa, je vais te confier un secret. Tu dois d'abord me jurer de n'en parler à personne.

— Je ne sais pas. Ça vaut le coup, au moins ?

— Tu verras bien. Mais je pense que oui.

Elle a hésité un court instant, puis elle a posé sa main sur sa poitrine.

— Je jure.

— Furax m'a parlé, samedi, à la maison des Zombras.

— Furax t'a parlé ? À toi ? C'est bizarre, il ne parle jamais à personne. Qu'est-ce qu'il t'a dit ?

— Il m'a confié qu'il possède un violon. Mais pas n'importe quel violon. Un magnifique violon qu'il cache dans le grenier, dans une grande armoire. Celle-là, forcément. Je n'en vois pas d'autre.

— Furax, violoniste ? Difficile à croire…

— Il m'a parlé d'un certain Alex. Cet Alex existe vraiment, puisqu'on a vu sa signature sur la photo. On va seulement vérifier ! On jette juste un coup d'œil dans cette armoire et on s'en va. Promis.

— Si tu le dis… La clé est dans la serrure, mais ça n'a pas l'air fermé. À toi l'honneur. Après tout, c'est toi, le violoneux.

— Violoniste !

J'ai saisi la poignée de cuivre et j'ai tiré.

Au moment où la porte s'ouvrait, un truc poilu et griffu a jailli de l'armoire. J'ai poussé un cri et j'ai bondi en arrière. Ce truc m'avait frôlé. J'en avais la chair de poule ! À présent, la chose avait disparu. Elle s'était volatilisée. Dissoute dans l'ombre.

Chapitre 11

— Qu'est-ce que c'était ?

Élisa se marrait.

— Tu adores les araignées, mais tu as peur d'un lérot ! J'y crois pas…

— Un lérot ?

— Oui, un mammifère super mignon, avec deux petites oreilles toutes rondes, des lunettes noires et une longue queue ébouriffée. Une peluche vivante. On en a plein dans notre grenier.

Devant mon air encore légèrement inquiet, elle en a rajouté une couche.

— T'inquiète pas, ça mange pas les garçons.

Sans répondre à cette perfide remarque, le cœur battant, j'ai ouvert la porte de l'armoire.

Le violon était là. Ou plutôt, une boîte qui avait la forme d'un violon. Je l'ai tirée de l'ombre. C'était un étui ancien en bois, muni d'une poignée en cuir et d'une serrure en laiton. Mais surtout, le couvercle était orné en son milieu d'une étoile de nacre. Je n'avais jamais vu un étui de violon pareil.

Je me suis souvenu des paroles du vieux.

Un Prince. Le Maudit.

Élisa paraissait aussi fascinée que moi. Je suis allé poser la boîte sur une vieille malle, sous l'unique lucarne du grenier. Pris d'une vague crainte, j'ai hésité quelques secondes, puis je me suis décidé. J'ai approché la main, j'ai ouvert les ferrures et j'ai soulevé le couvercle.

Furax n'avait pas menti.

Dans son écrin de velours bleu pâle, posé sur un coussin de même couleur, il y avait le violon. Un magnifique violon, couleur caramel. Mon cœur battait plus fort. Avec mille précautions, comme s'il risquait de se briser entre mes mains, je l'ai détaché de son écrin et je l'ai porté vers la lumière. En le retournant, j'ai découvert une étoile de nacre incrustée sur le dos de l'instrument. Une étoile en tout point semblable à celle de l'étui ! Je savais que la nacre est un matériau traditionnellement utilisé en marqueterie. J'avais déjà vu de la nacre incrustée sur de beaux meubles d'ébénistes. Sur un étui, jamais. Sur un violon, encore moins. Cette étoile était-elle une marque de son rang ? Un signe de sa malédiction ? J'ai passé l'âge de croire aux mystérieux pouvoirs des objets, mais Furax avait raison sur un point : le violon était carrément magnifique.

Lorsque Élisa m'avait invité à venir passer l'après-midi avec elle, j'avais sauté de joie intérieurement à l'idée que je trouverais bien un moyen de voir ce violon. De le voir. Pas de l'emporter ! Mais depuis quelques minutes, les choses avaient changé. Non seulement je ne pouvais pas quitter ce violon des yeux, mais l'idée de le remettre dans l'armoire m'était devenue insupportable. Malgré la petite voix qui m'enjoignait de me méfier, inexplicablement, me séparer de lui, c'était déjà m'arracher une partie de moi-même.

Mais j'avais besoin de l'accord d'Élisa. Après tout, j'étais chez son voisin et nous avions promis à sa mère de ne toucher à rien. Si Élisa refusait de m'aider, je ne pouvais rien faire. En premier lieu, trouver un moyen d'emporter le violon chez moi, sans éveiller l'attention de sa mère.

— Élisa, tu m'as promis de garder le secret… mais je ne t'ai pas tout dit. En fait, je voudrais le restaurer. Le remettre en état, et jouer pour Élisée. Je veux lui faire une surprise pour son anniversaire.

Elle m'a regardé d'un air soupçonneux.

— Tu l'appelles Élisée, maintenant ? Et tu veux lui faire une surprise pour son anniversaire ? De mieux en mieux...

— Pourquoi pas ?

Le désir me brûlait. Je savais que quoiqu'il advienne dorénavant, maintenant que j'avais touché au Prince, j'étais prêt à tout pour le garder. Même à mentir à Élisa.

— Et pourquoi parles-tu de le remettre en état ? Il est magnifique.

— Magnifique, oui... mais sûrement complètement désaccordé, depuis le temps qu'il traîne au fond de ce grenier... avec le froid en hiver, la chaleur en été, l'humidité, les changements de température. Ce n'est pas bon pour un violon, tout ça. Pas bon du tout. Tu as juré, Élisa. Personne ne le saura. Ce sera une belle surprise pour Élisée. Une super belle surprise ! Tu te souviens de la tête qu'il a faite lorsque j'ai joué l'*Oblivion* ? Tu l'as dit toi-même. Imagine celle qu'il aura lorsque je jouerai pour lui... pour lui seul, là-bas, dans sa petite chambre, avec son beau violon, tout réparé. Je ferai revivre son Prince.

J'ai cru qu'Élisa allait éclater de rire, ou se mettre en colère. Je me trompais. Elle a simplement murmuré :

— Ne me raconte pas d'histoire, Étienne. Ne t'en raconte pas non plus. Tu n'avais pas besoin de me mentir. Je ne sais pas ce que tu mijotes, mais ce n'est sûrement pas pour faire une surprise à Furax. Tu veux le prendre ? Alors prends-le. Emporte ce violon chez toi.

Lorsque Claire m'a reconduit aux Essarts, la nuit était tombée. Je suis entré dans la maison sur la pointe des pieds. Ma mère buvait un thé dans la cuisine. Quant à Ophélie, partie passer l'après-midi chez Léo, son petit copain, elle n'était pas encore rentrée. J'ai grimpé les marches quatre à quatre, pressé d'aller planquer le violon dans ma chambre. Élisa m'avait prêté un vieux sac de voyage pour le dissimuler aux yeux de sa mère. Elle lui avait juste dit qu'elle n'en avait pas besoin en ce moment, et qu'elle me le prêtait. Claire n'avait posé aucune question.

Ma mère m'a entendu et m'a demandé si tout s'était bien passé.

— C'était grave cool, maman. On a marché jusqu'aux ruines.

J'avais pris l'air, ma mère ne m'a pas questionné davantage. Arrivé dans ma chambre, j'ai fermé la porte à clé, j'ai posé l'étui sur mon bureau, j'ai soulevé le couvercle, et j'ai contemplé le violon, blotti dans son écrin de velours pâle. Peut-être que personne ne l'avait touché depuis des années… pauvre violon abandonné. Je brûlais de connaître le son de sa voix. Pour cela, il me fallait attendre d'être seul dans la maison. Personne ne devait savoir que j'avais emprunté le violon. Seule Élisa était dans le secret, et elle m'avait juré le silence. J'ai refermé la boîte et j'ai caché le violon tout au fond de mon placard. Pauvre violon de nouveau enfermé.

J'ai chuchoté.

— Ne t'inquiète pas. C'est fini, les araignées, la poussière et la solitude. Je vais m'occuper de toi. À demain, cher violon-étoile ! Et bonne nuit.

Chapitre 11

Ainsi avais-je décidé de l'appeler, dorénavant : le violon-étoile.

Chapitre 12

Le lendemain matin, lorsque je me suis réveillé, la maison était silencieuse. Ophélie dormait encore. Ma mère était partie faire les dernières courses pour le réveillon. Tout était tranquille. Je me suis levé, j'ai petit-déjeuné et me suis habillé très vite. J'avais hâte de découvrir la voix du violon.

Depuis ma découverte, j'en avais la certitude : c'est avec le violon-étoile que je me présenterais à Paris, au mois de mars. Mathilde a poussé maman à m'inscrire au concours Prodige Art. J'ai mes chances, dit-elle. Si je travaille suffisamment ! *Travailler suffisamment*, en langage Mathilde, ça veut dire tous les soirs une heure, après les devoirs. Plus le samedi, une heure. Et le dimanche, une heure aussi. Sans oublier tous les jours des vacances. Autant dire : mission presque impossible !

Mais je me suis lancé un défi. J'adore les défis. Si je gagne ce concours, mon père sera tellement impressionné qu'il s'apercevra que j'existe. Et le concours, je peux peut-être le gagner grâce à cet extraordinaire violon. Le jour du concours, mes parents découvriront le violon-étoile. Ils seront soufflés par ma prestation (parce que j'aurai travaillé *suffisamment*) et nous irons ensemble voir Furax. Je jouerai un morceau de Piazzolla. *Libertango*, par exemple, ma pièce préférée. Le vieux Zombra aime le tango. Il retrouvera le sourire.

J'ai pris la boîte dans le placard, je l'ai ouverte, j'ai sorti le violon. Je l'ai approché de la lumière. Sur son dos, l'étoile à six branches brillait comme de la neige. Lorsque j'ai détaché l'archet du couvercle, j'ai senti un léger frémissement courir sous mes doigts. Puis plus rien. Avais-je rêvé ? J'ai vissé la mèche de l'archet, j'ai posé le violon au creux de mon cou.

Enfin, tremblant d'excitation, j'ai approché l'archet de la corde de *sol*.

Au contact de la corde, l'archet a frémi une seconde fois. À ma plus grande surprise, il s'est précipité sur la corde de *ré*, comme s'il allait saluer une vieille connaissance. Puis sur celle du *la*, du *mi*. Je ne rêvais pas ! L'archet sautait d'une corde à l'autre comme un petit animal sauvage.

Mais ce qui sortait du violon, ce n'était pas de la musique. Cela n'avait même rien à voir. On aurait dit des grincements de porte.

Le violon était magnifique… mais ce n'était pas un vrai violon. Peut-être était-ce un violon de collection, de décoration, quelque chose comme ça. Pourtant, Furax avait dit qu'Alex était violoniste et jouait de ce violon. *Un violon exceptionnel. Une Ferrari.* C'était ses mots.

Peut-être le problème venait-il de l'archet ? J'ai

examiné la mèche. Les crins étaient complètement usés. Heureusement, j'avais un archet de rechange. Le mien ! Mon bon vieil archet. Pour mettre toutes les chances de mon côté, j'ai passé de la colophane sur la mèche. La colophane, c'est cette petite chose magique qui permet au violon de donner de la voix. Fabriquée avec de la résine de pin, elle dépose une fine poussière collante sur les crins, leur permettant d'accrocher aux cordes, de les mettre en vibration et de former les sons. Ma colophane, je la frotte toujours dans le même sens. Avec le temps, les frottements ont fini par creuser un mince sillon au milieu de la résine. Pour terminer de faire les choses correctement, j'ai vérifié avec mon accordeur chacune des quatre cordes du violon-étoile.

Pour la deuxième fois, j'ai posé le violon sur mon épaule, j'ai ancré mes pieds dans le sol afin de me mettre en position, et j'ai approché mon archet du violon.

L'archet s'est cabré.

J'ai recommencé. Une fois. Deux fois. Trois fois. Rien à faire. Dès que j'approchais mon archet des cordes, il s'en écartait violemment, comme si une force invisible et hostile l'éloignait du violon. Comme deux aimants dont les pôles se repoussent. C'était clair. Le violon repoussait mon archet.

Mais il en fallait plus pour me décourager. Ce n'était pas un violon caractériel qui aurait le dessus. Et puis quoi encore ? C'était moi, le maitre. Mathilde me le répète assez : le passage en troisième cycle, c'est la maîtrise de l'instrument. Ce n'est pas à lui de me dicter ses volontés.

Au moment où j'allais faire une quatrième tentative, la porte s'est ouverte. Ophélie. Flûte. J'avais oublié ma sœur.

J'aurais dû fermer la porte à clé. Grossière erreur.

En apercevant le violon, ses yeux encore bouffis de sommeil se sont agrandis.

— Qu'est-ce que c'est ?

— Tu vois bien, c'est un violon. VI-O-LON. Tu sais, l'instrument à cordes dont je joue depuis l'âge de sept ans.

— Je vois bien, idiot. Mais ce n'est pas *ton* violon.

— Tu as raison, ce n'est pas mon violon. C'est un violon de compétition !

— Et il vient d'où, ce violon de compet' ?

— Je ne peux pas te le dire, c'est un secret.

Elle a soudain eu l'air très intéressée.

— Un secret ? Tu le partagerais bien avec ta grande sœur chérie, quand même ? Sinon, je dis tout.

Grrr. Elle ne me laissait pas vraiment le choix.

— Jure d'abord de ne rien dire.

— D'accord. Mais qu'est-ce que tu me donnes, en échange de mon silence ?

J'ai réfléchi un bref instant.

— Je te promets de faire ta part de vaisselle pendant un an.

— Menteur. Tu ne tiendrais pas un mois.

Ma sœur n'avait pas tort. Un an de vaisselle… je n'étais pas crédible.

— J'ai une bien meilleure idée. Tu me passes l'ordi quand je te le demande. Sans discuter. Ça te va ?

— D'accord. Mais tu as intérêt à tenir ta promesse.

— Et toi la tienne.

Ophélie a juré. Je lui ai dit que le violon appartenait au voisin de Mamé et que je voulais faire une surprise à maman. C'était pour cette raison qu'il ne fallait surtout rien dire à personne.

J'ai reposé l'instrument sur mon épaule. Je tenais fermement le violon de la main gauche, mon archet de la main droite. On verrait bien qui serait le plus fort, qui aurait le dernier mot. Cet essai n'a pas été plus concluant que les précédents. Le violon refusait clairement d'entrer en contact avec l'archet étranger.

— Tu parles d'un violon de compet'. Il est muet !

Elle s'est encore moquée, puis elle est descendue petit-déjeuner. J'ai posé une dernière fois l'instrument sur mon épaule. Je tenais fermement le violon de la main gauche, mon archet de la main droite, et j'ai recommencé.

Rien à faire.

Le violon-étoile et mon archet étaient incompatibles.

Chapitre 13

Je suis entré dans mon placard pour réfléchir. Oui, dans mon placard. C'est mon refuge. Quand j'étais petit, j'y tenais debout. C'était ma cachette préférée lorsqu'on jouait à cache-cache, avec les cousins. Je me glissais entre deux vêtements suspendus aux cintres. Les cousins ne me trouvaient jamais. Ophélie connaissait ma cachette, mais elle ne l'avait jamais dévoilée. Elle était sympa, ma sœur, à cette époque.

Depuis, j'ai grandi. Je ne peux plus tenir debout, mais ce n'est pas grave. L'important, c'est que je puisse encore m'y blottir lorsque je suis triste ou en colère, lorsque j'ai envie d'être tranquille. Ce qui était le cas, ce matin-là.

Je me suis assis sur mon sac de sport, le violon-étoile sur les genoux, bien décidé à lui passer un savon. J'ai toujours parlé à mon violon. Pourquoi je ne parlerais pas au violon-étoile ? Il pouvait bien faire le malin avec son étoile incrustée sur le dos, sa boîte assortie et son coussin de velours. J'allais lui dire ma façon de penser.

Dans l'obscurité du placard, les paroles du vieux sont

brusquement venues toquer à ma mémoire.

Le violon est maudit. Il a perdu son âme.

Comment et pourquoi n'y avais-je pas pensé plus tôt ? J'ai entrouvert l'un des deux battants pour laisser entrer un peu de lumière, et j'ai jeté un coup d'œil à travers les ouïes du violon, ces deux petites ouvertures gracieuses en forme de *f* placées de chaque côté des cordes.

Furax avait raison. Le violon avait perdu son âme.

Tout était donc foutu. Foutu de chez foutu. Il n'y avait plus rien à voir. Circulez ! Le rêve était terminé.

C'est alors que j'ai remarqué les traces sur l'étoile. Des traces de doigts. Le beau vernis caramel du violon en était plein ! Pas très classe pour un violon, ai-je pensé. Même un violon maudit. Furax n'était vraiment pas doué pour le nettoyage. Moi, depuis toujours, dès que je sors mon violon de sa boîte, je le fais briller avec mon chiffon doux. C'est comme un rite. Ma mère me dit toujours qu'elle aimerait bien me voir aussi méticuleux (c'est le mot qu'elle emploie : *méticuleux*), en ce qui concerne le rangement de ma chambre. Elle oublie que ça n'a rien à voir, une chambre et un violon.

J'ai donc pris mon chiffon doux, et j'ai frotté l'étoile. Tout doucement d'abord. L'étoile brillait, les traces de doigts s'effaçaient. Le violon luisait dans la pénombre. Pourtant, je continuais de frotter. Pourquoi ? Je ne sais pas.

Et puis j'ai *vu*.

Quelque chose d'étrange était en train de se produire.

Quelque chose de *très* étrange.

L'étoile brillait fort. Très fort. Trop fort. Ce n'était pas naturel. Dans le ventre du violon venait de naître une lumière douce, tremblante et vacillante comme la flamme d'une bougie. Les battements de mon cœur ont accéléré. La lumière grandissait. Elle s'est échappée du violon, projetant des petits *f* irisés dans l'obscurité. Des petits *f*, comme les ouïes du violon. Des petits *f* qui avaient la couleur de l'arc-en-ciel : bleus, jaunes, verts, rouges, violets... Bientôt, toutes ces petites lumières se sont fondues entre elles pour ne former qu'une seule lumière. Un halo doré qui frémissait autour du violon, autour de moi.

J'étais scotché.

Mais ce n'était pas fini. À présent, les contours du placard devenaient flous. Ils disparaissaient ! Une ombre est venue masquer la lumière. Cette ombre avait la forme d'une porte.

Il n'y eut bientôt plus de vêtements. Plus d'ombres chinoises. Plus de placard. Plus de lumière. Rien d'autre que cette porte fermée qui se dressait à présent devant moi. Très haute, très large, très impressionnante.

Je me suis levé, et j'ai poussé la porte.

Chapitre 14

La porte donnait sur une cour d'immeuble. Il y avait un carré de ciel au-dessus de ma tête et des fleurs aux fenêtres ; de l'une d'elles s'échappait un air de violon. Assis sur une marche d'escalier, un gros chat tigré sur les genoux, un petit garçon aux grands yeux bleus me regardait avec curiosité.

— Tu cherches quelque chose ?

J'ai jeté un coup d'œil autour de moi, mais je ne voyais personne d'autre que nous deux. C'était bien à moi qu'il s'adressait.

J'ai bredouillé.

— À vrai dire… je… je ne sais pas. Je passais juste par là. Je me promenais dans la rue. J'ai entendu de la musique et je suis entré.

Le regard soupçonneux du petit garçon me rappelait vaguement un autre regard.

— Comment es-tu entré ?

— Ben… par la porte, tiens.

Il me rappelait vraiment quelqu'un. Mais qui ? Je

me creusais en vain les méninges. J'ignorais qui était ce garçon. J'ignorais tout autant comment j'avais pu me retrouver là.

— Comment tu t'appelles ? m'a encore demandé le petit garçon, décidément bien curieux.

Il me dévisageait de la tête aux pieds.

— Étienne.

— Pourquoi tu es en chaussons ?

J'ai regardé mes pieds. Flûte… Le petit garçon avait raison, j'étais en pantoufles. Normal, puisque j'étais dans ma chambre lorsque cette chose extraordinaire s'était produite. Encore heureux que je n'aie pas été en chaussettes !

— Euh… J'oublie parfois de mettre mes chaussures avant de sortir. Comme tu peux voir, je suis un peu tête en l'air.

— Et tes vêtements… ils sont bizarres. Qu'est-ce que c'est, ça ?

Il désignait le logo Coca-Cola imprimé sur mon sweat.

— Du Coca. J'adore. Tu n'en as jamais bu ?

— Non. On en trouvait, avant-guerre, mais ça coûtait trop cher, ma mère n'a jamais voulu en acheter. On n'a pas les moyens. Maintenant, on n'en trouve plus. Moi, j'adore la grenadine, mais on n'en trouve plus non plus. On ne va tout de même pas courir dans tout Paris pour trouver de la grenadine !

Avant-guerre ? Paris ?

— J'en ai chez moi, du Coca. Je t'en apporterai, si tu veux, la prochaine fois. Tu pourras goûter. Ça te dit ?

— Oh oui, je veux bien. Tu as quel âge ?

— Quatorze ans. Et toi ?

Chapitre 14

— Neuf, mais j'en fais plus, tu ne trouves pas ?

Il a bombé le torse. Sans attendre ma réponse, il a poursuivi son babillage, tout en désignant son chat.

— Lui, c'est Tigrou. Il a trois ans. Sa fourrure est la plus douce du monde, mais mieux vaut que tu évites de le caresser tant qu'il ne te connaît pas. Conseil d'ami. Il pourrait te griffer. J'adore les chats. Tu en as un, toi ?

— Oui, j'en ai un, ou plutôt une. Elle s'appelle Zibulon, elle est toute noire, elle est trop sympa. Elle ne griffe jamais personne. Et toi, tu t'appelles comment ?

— Élisée.

Élisée ?

Le choc.

Une seule explication : je m'étais endormi et je rêvais. Ce rêve était bien étrange, mais un rêve n'est-il pas étrange, par définition ? Peut-être allais-je m'envoler, dans quelques minutes ? Le rêve dans lequel je vole… mon préféré. Celui où je nage dans les airs.

— Ma mère m'a demandé de la remplacer pendant qu'elle fait les commissions. C'est pour ça que je te pose toutes ces questions. Je fais juste mon travail. Je surveille qui entre, je renseigne les gens, je prends le courrier et les colis, s'il y en a. Comme je m'ennuie un peu, j'en profite pour écouter le violon de monsieur Alex.

Le violon de monsieur Alex ? Élisée a pointé du doigt une fenêtre au premier étage.

— Tu entends ? La musique vient de là. C'est Alexander Wietman qui joue du violon. Il habite là-haut avec sa femme, madame Ada.

— Alexander Wietman ?

— Oui. Tu n'as jamais entendu parler de lui ? C'est un

grand musicien. Il me donne des cours quand il en a le temps. Des cours gratuits.

Il s'est encore redressé.

— Il dit que je suis doué. C'est très difficile d'apprendre le violon, tu sais. Tu ne peux même pas imaginer comme c'est dur. J'adore, mais ça fait mal. En ce moment, je travaille un morceau difficile. Depuis deux jours, j'ai une cloque. Regarde.

Il m'a montré son index. J'avais envie de lui dire de ne pas s'inquiéter, que sa peau finirait par durcir… Moi aussi, j'en avais eu, des ampoules quand j'avais son âge. Maintenant, j'ai de la corne au bout des doigts, tellement ma peau a durci à force d'appuyer sur les cordes en acier.

— Ma mère, elle dit que le violon ce n'est pas pour des gens comme nous. Mon frère m'interdit de monter. Il dit qu'il ne faut pas fréquenter les youpins, que ça nous porterait malheur. Tout le monde dit que c'est leur faute si nous sommes en guerre.

Les youpins ?

— Moi je m'en fiche, de ce qu'ils me disent. Je monte quand même.

— Tu as dit les youp… les quoi ?

— Les youpins. Les juifs, si tu préfères. Tu viens d'une autre planète, ou quoi ? C'est à cause d'eux que tous les malheurs du monde nous sont tombés sur la tête. Ils gardent leur or pendant que nous autres, on crève de misère. Enfin, c'est ce qu'il dit, mon frère. Tu as un frère, toi ?

— Non. Juste une sœur.

— La chance !

Je n'ai pas eu le temps de lui demander si ma chance

était d'avoir une sœur ou de ne pas avoir de frère, car à ce moment une jeune femme a passé la tête par la fenêtre du premier. Quand elle s'est penchée vers nous, j'ai reconnu son visage : c'était la jeune femme de la photo dédicacée. La belle jeune femme qui dansait un tango, avec le danseur élégant.

— Élisée, tu montes nous voir ?

— Oui, a répondu l'enfant. Je peux venir avec un copain ?

— Bien sûr.

Élisée m'a adressé un clin d'œil.

— C'est ton jour de chance, Étienne. Tu verras les mains de monsieur Alex. Quand il joue du violon, on dirait des oiseaux. Moi, quand je vais chez les Wietman, c'est comme si j'entrais au paradis.

À propos d'oiseaux, c'était le moment de vérifier quelque chose. Tandis que le petit garçon me tournait le dos pour traverser la cour, j'ai étendu les bras, j'ai fléchi les jambes, et j'ai pris mon élan pour prendre mon envol.

Élisée s'est retourné.

— Qu'est-ce que tu fabriques ?

— Rien. J'arrive.

Ça n'avait pas marché. Je ne rêvais donc pas… mais c'était tellement étrange, tout ça. J'ai gravi les escaliers de la manière classique, à ma façon habituelle. Deux marches à la fois, pour aller plus vite.

La porte du premier était déjà ouverte.

Chapitre 15

La jeune femme nous a accueillis avec un large sourire.

— Bonjour mon garçon. Ravie de te rencontrer. Les amis d'Élisée sont nos amis. Comment t'appelles-tu ?

— Étienne.

— Joli prénom. Moi, c'est Ada. Ils sont originaux, tes vêtements. C'est ta mère qui les a cousus ?

J'ai vaguement bredouillé que oui, qu'elle n'était pas très douée, et qu'en plus elle avait du mal à trouver du tissu, à cause de la guerre, et qu'elle faisait comme elle pouvait… Si ma mère m'avait entendu ! Je me suis promis de m'habiller autrement, la prochaine fois, pour éviter toutes ces remarques. Car j'espérais bien qu'il y aurait une prochaine fois. S'il suffisait de frotter l'étoile pour remonter le temps… Ada a paru satisfaite de l'explication. Lorsqu'elle s'est penchée pour m'embrasser, un surprenant parfum de violette m'a enveloppé.

Puis elle m'a entraîné vers le salon, où Élisée nous avait devancés. Un homme s'est levé de son fauteuil et s'est avancé vers nous. J'ai deviné en lui le danseur élégant de la photo. En me voyant, il a paru surpris. Mes vêtements, sans doute. Il nous a tendu la main. Le sourire d'Alexander Wietman était chaleureux, sa poigne énergique. Il portait une petite moustache très distinguée, quoique démodée. D'ailleurs, les vêtements d'Élisée, ceux du couple, les meubles de l'appartement, les papiers peints sur les murs… en vérité, tout était carrément démodé. Je devais me faire une raison. J'avais fait un saut dans le temps. Le jeune Élisée m'avait parlé de la guerre, des *youpins*. Le violon m'avait envoyé au temps de la photo ! En 1942, si ça se trouve. C'était vertigineux.

Contrairement à Élisée et Ada, Alex n'a fait aucune réflexion à propos de mes vêtements, mais ses yeux me scrutaient. J'avais l'impression qu'ils fouillaient en moi. Un peu gêné, j'ai détourné le regard.

C'est à ce moment-là, à ce moment précis que je l'ai vu.

C'était bien lui. Le violon-étoile ! Il était là, dans le salon, posé sur un fauteuil de velours. Alexander a croisé mon regard. Il a pris le violon, l'a retourné et m'a montré l'étoile de nacre.

— Ce violon est un Prince. L'étoile est la marque de son rang. Voudrais-tu entendre sa voix ?

Incapable de prononcer une parole, j'ai fait oui de la tête. Alexander a posé le Prince sur son épaule, l'archet sur les cordes. L'archet a frémi. Alex a souri, puis il a commencé à jouer. J'ai reconnu *Le Printemps*, de Vivaldi. Mon compositeur préféré ! Douce et vigoureuse à la fois, triste et joyeuse, la voix du violon n'avait rien à voir avec les horribles grincements que j'en avais tirés, moi. Je ne savais pas si l'archet guidait la main du musicien ou si c'était sa main qui guidait l'archet, mais ensemble, la main, l'archet et le violon formaient un merveilleux ballet. L'archet voltigeait au-dessus des cordes ; le bois du violon brillait, jetant des éclats de lumière autour de lui.

J'étais transporté.

J'ai fermé les yeux afin de me concentrer sur la musique. Il y avait des notes légères et des notes sombres, des notes aiguës et des plus graves. La musique m'emmenait loin, très loin de Paris. Les murs s'écroulaient, la ville disparaissait. Le violon vibrait et chantait le printemps, et le printemps murmurait des mots d'amour à la nature qui se réveillait, après son long sommeil d'hiver. J'entendais des chants d'oiseaux et le murmure des fontaines, le bruissement du vent dans les feuillages, le chuchotis d'un ruisseau, le souffle provoqué par l'envol d'un geai entre les arbres, le bruit léger laissé par la course d'un chevreuil, les trilles d'une grive musicienne, le sifflement d'un merle.

Le printemps se réveillait.

Sous les doigts d'Alexander Wietman, ce qui sortait du violon, ce n'était même plus de la musique.

C'était la vie.

— Élisée !

Une voix rauque a résonné dans la cour, brisant la magie de l'instant.

— C'est ma mère. Elle est revenue des commissions. Ça n'a pas duré longtemps, notre récréation. Il faut que je descende. On y va, Étienne !

J'aurais mille fois préféré rester, mais mon nouveau camarade trépignait devant la porte.

— Grouille. Je vais me faire gronder.

Alexander et sa femme semblaient déçus de nous voir partir si vite. Je leur ai promis de revenir. Avec regret, j'ai serré la main d'Alexander. Ada s'est de nouveau penchée vers moi pour m'embrasser. Son parfum envoûtant, encore.

J'ai accompagné le jeune Élisée jusqu'au rez-de-chaussée. Vêtue d'une robe informe et d'un tablier, les cheveux retenus dans un fichu noué sous le cou, sa mère m'a regardé de travers avant de regagner sa loge.

— J'espère que tu reviendras vite ! Je n'ai pas de copains, ici… Ma mère me défend de sortir, à part pour aller à l'école, hélas. Elle dit que c'est dangereux, avec tous ces boches partout. Tu reviendras me voir, n'est-ce pas ?

— J'essaierai.

— Tu habites où ?

— Loin.

Que répondre de mieux ? Une question me trottait dans la tête.

— Alex…

— Monsieur Alex.

— Monsieur Alex et sa femme… Ils ont un drôle d'accent. Ils ne sont pas français ?

— Ils sont juifs. Polacks et juifs. Ou Russes, on ne sait pas trop. Mon frère dit que ce sont les pires. Moi, je m'en fiche, qu'ils soient juifs, russes ou polonais, ou même les trois à la fois. Ils pourraient être chinois, papous ou eskimos, je m'en ficherais tout autant. Elle est belle, Ada, tu ne trouves pas ?

— Oh oui !

On s'est serré la main, puis j'ai poussé la lourde porte

cochère. Élisée avait déjà rejoint sa mère dans la loge. Sous l'agression brutale du soleil extérieur, j'ai baissé les paupières.

Lorsque j'ai rouvert les yeux, la lumière rectangulaire de la fenêtre de ma chambre avait remplacé le soleil parisien. Les portes du placard étaient grandes ouvertes et ma sœur se dressait devant moi, ébahie.

— Étienne, tu es devenu sourd ? Ça fait cinq minutes que je t'appelle ! Tu dors avec ton violon, maintenant ? C'est ton nouveau doudou ? Sors de ton trou et file-moi l'ordi. Tu as promis.

Je n'ai même pas protesté. Abasourdi par ce que je venais de vivre, je me suis redressé et je suis sorti du placard. Alors que je passais devant ma sœur pour aller débrancher l'ordinateur, elle a froncé le nez, interloquée.

— Qu'est-ce que ça sent ?

Elle s'est rapprochée de moi, elle a reniflé mes vêtements, mon cou.

Puis elle a éclaté de rire.

— Mon frère se parfume, à présent ? Avec un parfum de fille ! Décidément, on aura tout vu. Ce violon te rend vraiment dingo. Cela dit, tu as bon goût, frérot. Ça sent super bon, la violette.

Chapitre 16

Sidéré par ce que je venais de vivre, j'ai remis le violon-étoile dans sa boîte. La porte d'entrée s'est ouverte. Maman rentrait des courses. J'ai fourré le violon au fond du placard, posé une pile de vêtements par-dessus, et j'ai bien refermé la porte.

Puis j'ai envoyé un texto à Élisa.

Salut,

Il m'est arrivé un drôle de truc, à propos du violon. Tu ne me croiras jamais ! Il faudrait absolument que je te raconte... mais de vive voix. On peut se voir un de ces quatre ?

@ plus

Étienne

Ma mère et moi avons passé l'après-midi à préparer tout un tas de bonnes choses pour le réveillon et le festin du lendemain. C'était déjà Noël. Le vrai Noël, cette fois ! J'adore cuisiner. Mes spécialités : les meringues et les macarons. Mais cet après-midi-là, impossible de me concentrer sur les casseroles. Je n'arrêtais pas de penser au violon. Et surtout, à ce qui s'était passé lorsque j'avais lustré l'étoile. Ce voyage inattendu dans le temps, le petit Élisée, les Wietman… Le violon était muet, certes… mais je n'avais qu'une idée en tête : faire de nouveau briller son étoile et retourner *là-bas*.

À une heure du matin, lorsque je suis remonté dans ma chambre, je me suis écroulé sur mon lit, épuisé par cette longue journée et toutes ces émotions. Je me suis aussitôt endormi.

Le lendemain, j'ai découvert mes cadeaux au pied du sapin. Avec une enceinte bluetooth, un jeu vidéo et trois DVD, j'étais plutôt content.

J'ai enfin reçu la réponse d'Élisa.

Joyeux Noël, Étienne !

Je ne te l'avais pas dit ? Je suis partie chez mes cousines en Bretagne, et je reste là jusqu'à la fin des vacances. Un bled aussi paumé que le nôtre... en plus plat. Il n'y a pratiquement pas de réseau, ici. Tu me raconteras tes aventures à la rentrée !

Passe de bonnes vacances (gaffe aux crises de foie... même si c'est de saison) !

Élisa

Tant pis. J'attendrais donc la rentrée pour lui raconter mon voyage dans le passé.

Le plus beau cadeau, c'était la carte de mon père.

Joyeux Noël, Étienne !

Jusqu'à présent, je n'ai pas été à la hauteur, et j'en suis désolé. Comme on dit souvent, il n'est jamais trop tard pour se rattraper. On se verra au printemps. Je viendrai t'écouter et t'encourager à Paris, le jour du concours. Je te le promets.

Ne laisse pas tomber la musique. C'est important.

Je t'embrasse.

Michel

Ne laisse pas tomber la musique. Venant de la part de mon père, c'était plutôt gonflé ! J'ai descendu l'album photo familial de l'étagère où il prenait la poussière, et je me suis installé sur le fauteuil. Ces photos, je les connaissais par cœur. Sur les premières pages, quelques images de mes parents, jeunes et amoureux. Ma mère un peu bohème, foulard bariolé dans les cheveux, jupe aux mollets, yeux de biche agrandis par un grand trait de khôl. Mon père, cheveux longs, légère barbe, tenant son violoncelle. Ophélie bébé, moi bébé. Le bonheur familial avait été de courte durée. La véritable raison du divorce de mes parents, c'est le violoncelle. On ne voit que lui. Partout. Sur toutes les photos. J'ai toujours pensé que c'était lui le vrai, le grand, le seul amour de la vie de Michel Alem. Ma mère, Ophélie et moi n'avons été que des accidents de parcours, des empêcheurs de tourner en rond pour le grand artiste, que dis-je, le musicien génial qu'est Michel Alem. Abandonnant femme et enfants, il est monté à Paris pour rencontrer de « vrais » producteurs. Faire reconnaître son talent. Ça a bien marché pour lui… tellement qu'il en a complètement oublié sa petite famille. Il enregistre disque sur disque, donne des concerts partout dans le monde. Ophélie et moi avons disparu de son paysage… ou presque, puisqu'il nous envoie une petite carte, de temps en temps. Ma mère a bien du mérite de m'avoir laissé apprendre le violon. C'est moi qui ai demandé, dès l'âge de six ans. Je voulais faire comme papa. Mais en plus petit, puisque j'étais petit.

J'ai refermé l'album.

Nous avons passé l'après-midi de Noël au foyer des Zombras. Non seulement Mamé ne m'a pas reconnu, n'a pas davantage reconnu Ophélie, mais elle a pris ma mère pour sa sœur. Son état ne s'arrangeait pas. Maman lui a offert une boîte de pâtes de fruits. Mamé a toujours préféré les pâtes de fruits aux chocolats. Après avoir passé un bon moment avec elle, j'ai pris mon courage à deux mains et je suis allé frapper à la porte d'en face. Je voulais poser des questions au vieil Élisée sur son enfance à Paris. Sur le Prince. Sur Alexander et Ada.

— Entrez !

Affalé sur son fauteuil, le vieux Zombra avait les yeux rivés à la fenêtre.

— Joyeux Noël, monsieur Élisée !

Il a tourné la tête vers moi. En regardant bien, j'ai constaté que ses iris étaient bleus, effectivement. Il fallait vraiment le savoir. Vraiment bien regarder.

— Ne me souhaite jamais un joyeux Noël. C'est un jour que je déteste.

La gaffe. Il me l'avait dit, pourtant, qu'il détestait Noël. J'ai bredouillé quelques mots d'excuses, puis je suis allé droit au but.

— Vous m'aviez parlé de monsieur Alex, la dernière fois. Qu'est-il devenu ?

— Monsieur Alex ? Connais pas. Qui es-tu, d'abord ?

Que viens-tu faire ici ?

— Je m'appelle Étienne. Je suis le petit-fils de madame Roux, votre voisine. C'est vous qui m'avez parlé d'Alexander Wietman. Vous ne vous souvenez pas ? Le jour où j'ai joué du violon.

Je faisais attention à ne plus prononcer le mot *Noël*.

— Vous m'aviez parlé du violon de monsieur Alex. Le Prince.

— Monsieur Alex ? Le Prince ? Je ne sais pas de quoi tu parles. Je ne sais rien de tout cela. Retourne chez ta grand-mère et fiche-moi la paix.

Son regard avait viré au noir. Le vieil homme était redevenu Furax des cavernes – un pur Zombra hostile.

Carnet secret d'E. F.

Comment pourrais-je oublier ? La première fois que monsieur Alex, notre voisin de dessus, à Paris, avait posé le Prince sur mon épaule, mis l'archet dans ma main, refermé ses doigts sur les miens et commencé à frotter les cordes, j'avais neuf ans. Ce jour-là, je suis entré au paradis. Directement. Sans ticket d'entrée.

Je suis né le 15 mars 1933 à Paris, dans une famille très modeste du onzième arrondissement. Ma mère était la concierge de l'immeuble. Elle distribuait le courrier à chaque étage, faisait le ménage des parties communes, arrosait géraniums et bégonias de la petite cour intérieure, terne et silencieuse. De neuf ans mon aîné, mon frère Fernand était garçon boucher. Il vivait avec nous et rapportait son maigre salaire à la maison. Ma mère n'avait d'yeux que pour lui, qui était le portrait vivant et craché de notre père, disait-elle. Et moi ? De qui étais-je le portrait ? Si j'avais peu de souvenirs de mon père, mort de la tuberculose alors que je n'avais pas cinq ans, je n'étais pas mécontent de ne pas ressembler à mon frère, pour lequel je n'éprouvais que de la crainte. Il était violent et s'emportait vite, en particulier lorsqu'il avait un coup de rouge dans le nez, ce qui arrivait souvent.

Peu de temps avant la guerre, un jeune couple était venu s'installer dans l'appartement situé juste au-dessus du nôtre. L'homme se nommait Alexander Wietman. Son épouse, Ada, était une très belle femme. Très discrets tous les deux, ils avaient un accent étranger. On disait qu'ils étaient juifs. Personne ne savait vraiment d'où ils venaient. Il se murmurait dans le quartier qu'ils étaient polonais et qu'ils avaient fui les pogroms… mais ce n'était peut-être que des rumeurs.

Monsieur Wietman, que tout le monde appelait monsieur Alexander, était professeur de musique. Il jouait du violon comme un dieu. Sa musique nous parvenait lorsque les fenêtres de son appartement étaient ouvertes. Quand je n'étais pas à l'école, je pouvais rester des heures dans la cour, assis sur une chaise, à écouter le violon, les doigts plongés dans la fourrure épaisse de Tigrou, mon chat.

Ma mère ne l'entendait pas de cette oreille.

— Élisée, cesse de rêvasser et de bayer aux corneilles, viens donc m'aider à étendre le linge. Et tes devoirs ? As-tu fait tes devoirs ?

Je quittais la musique et mon chat avec regret.

La déclaration de la guerre n'a pas changé grand-chose pour nous, Fernand ayant été réformé pour des problèmes de santé. Il avait été atteint de poliomyélite quand il était petit et en avait gardé des séquelles. En revanche, pour nos voisins du dessus, les ennuis ont commencé quelques mois plus tard, avec l'Occupation. Les Allemands haïssaient les Juifs. Leur haine était viscérale et contagieuse. Très vite, les sobriquets ont fusé dans l'immeuble pour désigner le jeune couple. Monsieur et madame Alexander sont devenus, du jour au lendemain, « les youpins ».

Un matin de printemps, tandis que ma mère était partie aux commissions, monsieur Alexander m'a aperçu par sa fenêtre. J'étais assis dans la cour, en train de rêver, comme souvent.

Il s'est penché vers moi.

— Bonjour, Élisée. Voudrais-tu monter ? Ça nous ferait tellement plaisir…

Je suis monté au premier étage. Monsieur Alex (ainsi monsieur Wietman voulait-il que je l'appelle) m'a ouvert sa porte et m'a entraîné dans le salon. Il m'a tendu son violon, et j'ai découvert la magnifique étoile de nacre incrustée sur le dos de l'instrument.

— Je te présente le Prince. Il va jouer pour toi.

Monsieur Alex m'a fait asseoir sur le divan, puis il a posé le Prince sur son épaule, l'archet sur les cordes. Il a commencé à jouer. Sa musique, que j'écoutais de loin, jusque-là, étouffée par les murs, était si belle. Ses mains… on aurait dit des oiseaux. La gauche, dont les doigts couraient sur la touche. La droite, qui faisait virevolter l'archet… deux gracieux oiseaux en liberté.

C'est ainsi que j'ai découvert la musique.

Une semaine plus tard, monsieur Alex m'a demandé si je voulais essayer.

— Essayer quoi ?

— Le violon.

Tremblant d'excitation, j'ai hoché la tête.

C'était mon premier cours de violon et il y en eut bien d'autres. Les vibrations du Prince faisaient vibrer mon propre corps. Le Prince était trop grand pour moi, j'avais du mal à jouer certaines notes. D'une patience infinie, monsieur Alex ne s'énervait jamais. Il savait me mettre en confiance. J'aimais cela, apprendre le violon. J'aimais cela plus que tout au monde. Jusque-là, mon univers était si petit, si étriqué ! C'était comme si des portes s'étaient ouvertes... les portes d'un nouveau monde.

J'aurais tellement aimé ne jamais en sortir, de ce monde-là.

Ma mère ne voyait pas mes visites chez les voisins d'un très bon œil.

— Tu vas encore chez les youpins ? Tu n'as donc rien de mieux à faire ?

Tous les prétextes étaient bons pour me retenir, mais je finissais toujours par trouver un moment pour monter au premier. Monsieur Alex et madame Ada étaient comme un grand frère et une grande sœur pour moi. En bien mieux ! Mon vrai grand frère, Fernand, je le voyais si peu. Il partait travailler très tôt le matin, rentrait très tard le soir. Les dimanches, il ne les passait jamais à la maison. Quand il était là, il n'était jamais agréable avec moi. Lorsqu'il a appris mes visites chez les voisins du dessus, il a été pris d'une grande rage.

— Je t'interdis d'aller chez les youpins, tu m'entends ?

Les youpins, encore ce mot. J'avais peur de mon frère, peur de sa violence. Quand il se mettait en colère, il jetait tout par terre, cassant parfois des assiettes. Terrorisée, ma mère n'osait pas protester.

Dans le plus beau de mes rêves, elle montait au premier, s'installait sur le divan, disposait les coussins autour d'elle. Elle fermait les yeux et m'écoutait jouer. Elle prenait du bon temps, enfin, et partageait ce bon temps avec moi. Ce n'était qu'un rêve, bien sûr. Dans la réalité, elle me laissait monter à contrecœur. Peut-être en rêvait-elle en secret, elle aussi... Je n'ai jamais pu me résoudre à penser que tant de beauté la laissait insensible. En tout cas, elle n'en laissait rien paraître.

— Tant que c'est gratuit... disait-elle.

Elle ajoutait qu'il ne fallait pas rêver, que ça ne durerait pas. Tout le monde savait que les juifs étaient les radins de la pire espèce et qu'ils ne faisaient rien gratuitement.

Chapitre 17

Après ma visite lamentable chez Furax, j'ai décidé de retourner *là-bas*, derrière la porte. Élisée adulte ne voulait pas me parler, mais l'enfant aux yeux si bleus n'attendait que mon retour ! J'ai patienté jusqu'au soir. Ophélie et ma mère dormaient. Je n'avais pas oublié ma promesse. Une canette de Coca dans chaque poche, je suis entré dans mon placard et j'ai frotté l'étoile blanche. Cette fois, j'avais enfilé un sweat sans logo et mis des baskets.

Tout s'est passé comme la première fois. L'étoile qui se met à briller d'un éclat surnaturel. Les petits *f* aux couleurs de l'arc-en-ciel. La lumière qui grandit, les contours du placard qui disparaissent.

Pour la deuxième fois, j'ai poussé la porte.

Un air de violon s'échappait du premier étage, mais dans la cour de l'immeuble quelque chose avait changé. Les pots de fleurs avaient été retirés des fenêtres. Des feuilles mortes jonchaient le pavé de la petite cour. Il faisait beau, mais frais. L'automne était largement entamé.

Plusieurs mois s'étaient donc écoulés depuis ma première visite ! C'était comme un voyage spatial, une distorsion de l'espace-temps. J'avais déjà vu ça dans certains films de science-fiction. Le héros part sur une autre planète, et quand il revient sur Terre, plusieurs siècles se sont écoulés. J'étais un nouveau spationaute, un spationaute du passé. J'ignorais d'où venait cette magie, mais c'était bien mieux qu'un film.

Comme la première fois, Élisée était assis sur les marches de l'escalier, un calendrier sur les genoux. Il avait un peu changé.

En me reconnaissant, il m'a adressé un joyeux sourire.

— Étienne ! C'est toi ! Tu es enfin revenu ! Tu nous avais promis de revenir vite. Je n'y croyais plus. Tu en as mis, du temps ! Un an et demi, quand même… Tu exagères.

Un an et demi ? Pas étonnant qu'Élisée ait changé. Il avait grandi, tout simplement. Je me suis justifié comme je pouvais.

— Je viens de loin, de très loin. (S'il savait… s'il savait *vraiment.*)

Il a regardé mon sweat, mes baskets.

— Tu t'habilles toujours aussi bizarrement ?

— C'est comme ça, la mode, chez moi. Je n'y peux rien.

J'avais mis un autre sweat, pourtant. Un gris. Neutre. Pas de Coca en effigie, aucun logo particulier. Sans doute le sweat était-il un vêtement inconnu à cette époque. Je me creuserai davantage les méninges, la prochaine fois, question habillement ! Je ne faisais quand même pas tous ces voyages dans le passé pour parler de fringues.

Chapitre 17

— Qu'est-ce que tu regardes ?

En guise de réponse, il m'a tendu son calendrier. Un calendrier de 1943. J'étais donc venu pour la première fois au printemps 1942. Ma première intuition était la bonne. Sur la couverture cartonnée figurait une belle photo de montagne.

— J'aimerais tellement aller là-bas, a-t-il ajouté. Ma mère me dit qu'on n'a pas les moyens. Tu y es déjà allé, toi, en montagne ? Je veux dire la vraie montagne. Avec la neige en hiver, les fleurs en été, les glaciers, les marmottes, et tout !

— J'y habite, dans la vraie montagne, comme tu dis. En Chartreuse, entre Grenoble et Chambéry.

— La Chartreuse ? Grenoble ? Chambéry ? C'est où ?

— Chambéry, c'est en Savoie, et Grenoble, c'est en Isère. À six cents kilomètres de Paris, à peu près. En Chartreuse, on fait une bonne liqueur. Une ou deux fois par an, je monte à Paris avec mes parents pour voir mon parrain. On ne peut pas venir plus souvent, tu comprends, c'est trop loin. En plus, avec ces boches partout… ça devient de plus en plus difficile.

Les boches. Je parlais comme Élisée. Si ma mère m'avait entendu ! Mais j'étais fier de ma trouvaille. La distorsion du temps justifiée par l'éloignement géographique et la guerre… c'était bien trouvé.

J'ai sorti les deux canettes de ma poche. Élisée a ouvert de grands yeux.

— Tu as apporté des conserves ?

— Non. C'est du Coca. Je t'avais promis, la dernière fois. Tu te souviens ? Le dessin sur mon vêtement…

— Oui, je m'en souviens. Mais c'était une bouteille.

Ça, ce sont des boîtes de conserve.

— Non. C'est du Coca en canette. Une spécialité de Grenoble !

J'ai ouvert les deux canettes devant son regard incrédule.

— N'aie pas peur, je ne vais pas t'empoisonner ! Je te promets que c'est super bon ! On trinque ?

On a porté un toast à Grenoble, ville fameuse pour ses canettes de Coca. J'ai commencé à boire. Élisée m'a regardé avec méfiance puis, à son tour, il a porté la canette à sa bouche. Il a avalé quelques gorgées.

— Alors ?

— C'est bizarre.

— C'est vrai que le goût du Coca est un peu spécial. Ça ne ressemble à rien d'autre. Mais ça te plaît, au moins ?

Il a hoché la tête.

— On peut monter chez tes voisins ?

— Oui, ils sont là. Tu as entendu la musique tout à l'heure, quand tu es arrivé. Mais laisse-moi d'abord finir mon Coca. Tu as raison. C'est bon.

Chapitre 18

Comme la première fois, c'est Ada qui nous a ouvert la porte. En me reconnaissant, une expression joyeuse a éclairé le visage de la jeune femme.

— Étienne ! Tu es revenu ! Quelle bonne surprise…

Comme la première fois, Ada s'est penchée vers moi pour m'embrasser. Elle sentait toujours aussi bon. Dans le salon, Alex faisait les cent pas. Il avait l'air préoccupé. Lorsqu'il nous a vus, le sourire est revenu sur ses lèvres.

— Ah, mes amis, c'est vous ! Étienne, tu es revenu ! Je suis désolé, le Prince n'est pas à la maison aujourd'hui. Il est en révision.

Flûte.

— Pourtant, j'ai bien entendu du violon venant de chez vous, tout à l'heure !

— C'était un disque.

Re-flûte. Il était vraiment dit que je ne verrais pas le Prince.

— Désirez-vous un verre d'eau ?

— Avant, il me donnait de la grenadine, a chuchoté

Élisée. Maintenant on n'en trouve plus, à cause des restrictions. Mais tu verras, quand la guerre sera terminée…

— Asseyez-vous, jeunes gens.

Nous avons pris place sur le divan de velours rouge.

— Pas de violon aujourd'hui, mais on ne va pas se laisser abattre. La musique continue ! Je vais mettre un autre disque.

Grande a été ma surprise lorsque j'ai découvert la chose posée sur la commode. Cela n'avait rien à voir avec un lecteur de CD. L'appareil (j'en avais déjà vu dans des vieux films, je crois que cela s'appelle un *gramophone*) était pourvu d'un immense cornet en métal blanc. Plus encombrant qu'un lecteur MP3, mais nettement plus classe.

— Aujourd'hui c'est votre jour de chance, les garçons, a repris Alexander. Nous allons danser pour vous.

Les yeux d'Élisée ont pétillé, plus bleus que jamais. Alex s'est tourné vers sa femme, et lui a parlé dans une langue inconnue. Les mots utilisés par Alexander ressemblaient à de l'allemand, mais ce n'était pas de l'allemand. J'aurais reconnu, sinon. J'en fais depuis deux ans !

Ada a disparu dans la chambre à coucher.

— Monsieur Alexander…

— Monsieur Alex.

— Monsieur Alex… je ne voudrais pas être impoli, mais… j'aimerais vous poser une question. Quelle langue avez-vous utilisée, pour parler à Ada ? Qu'est-ce que vous lui avez dit ?

Il a souri.

Chapitre 18

— Ça, mon garçon, je ne peux pas te le dire ! C'est notre secret.

Devant ma déception, il a ajouté :

— Je plaisantais, bien sûr. Je lui ai parlé en yiddish. Ce n'est un secret pour personne. J'ai dit à mon épouse : « Ma princesse, va te changer, s'il te plaît. Faisons honneur à nos invités. Va mettre ta belle robe ! »

— En yiddish ?

— Oui. Ada et moi sommes juifs, ce qui ne plaît pas à tout le monde. Et surtout pas aux nazis. Mais nous sommes fiers de nos racines. Je suis né en Allemagne, bien que mes parents soient d'origine russe. Un de mes ancêtres était français. Nous sommes très cosmopolites dans la famille ! Ada est polonaise. Elle et moi appartenons à ce que l'on appelle la tradition ashkénaze. Le yiddish est tout simplement notre langue maternelle : la langue des Juifs d'Europe centrale.

— Pourquoi êtes-vous venus à Paris ?

— Moi, pour mes études. Ada, pour d'autres raisons. Nous nous sommes rencontrés au sein du petit orchestre que j'ai formé avec quelques amis. Des amis passionnés de tango. Ada et moi sommes tombés amoureux au premier regard. C'est ça, le plus important. L'amour ! N'oublie jamais cela, Étienne ! C'est le secret de tout. Souviens-toi de cela, mon garçon : dans la musique comme dans la vie, tout est possible si, à la base, il y a l'amour.

— Et le Prince ? Il n'est pas là mais… vous pouvez me raconter d'où il vient ? Pourquoi y a-t-il une étoile sur son dos ?

Alexander s'est tourné vers Élisée.

— Élisée, je suis désolé, mais pour répondre aux

questions de ton copain, je vais lui raconter cette vieille histoire que tu connais par cœur, maintenant. Tu l'as déjà entendue cent fois.

— Ce n'est pas grave, monsieur Alex. Vous savez bien que j'adore vos histoires !

Alexander a commencé. J'étais suspendu à ses lèvres.

— Mes ancêtres vivaient donc en Russie. Et en musique ! Chez les Juifs ashkénazes, chaque famille ou presque possède un violon. Mon père m'a souvent parlé de l'atelier de son père, là-bas, à Vitebsk. La devanture de l'atelier était bleue, mais sur l'enseigne, les lettres étaient dorées. C'était bien avant que mes grands-parents quittent la Russie pour aller s'installer à Berlin. Mon père était tout petit, à l'époque, mais il en gardait un souvenir émerveillé. Ces lettres d'or le fascinaient.

— Qu'est-ce qu'elles voulaient dire, ces lettres d'or ?

— *Établissements Wietman père et fils. Luthiers.* Mes ancêtres étaient luthiers. La tradition s'est perpétuée jusqu'à mon père. En ce qui me concerne, j'ai suivi une autre voie.

— C'est donc quelqu'un de votre famille qui a fabriqué le Prince ?

— Oui. Mon arrière grand-père, Samuel. Il a incrusté l'étoile de nacre sur son dos pour en faire un Prince. Un très grand rabbin a ensuite béni ce violon.

— Béni ? Votre violon a été béni par un rabbin ?

— Oui. Comme tous les violons.

Devant mon étonnement, Alexander a ajouté :

— Es-tu baptisé, Étienne ?

— Non.

— Je te pose cette question, vois-tu, pour que tu

comprennes. Le baptême, tu sais tout de même ce que cela signifie, pour les chrétiens ?

— Oui, bien sûr. Je ne suis pas croyant, mais ma grand-mère l'était. Elle allait à la messe tous les dimanches ! Elle me racontait ça quand elle avait encore toute sa mémoire. Le baptême, la communion… tous ces trucs de la religion. Elle aimait bien m'en parler.

— Tu sais donc que le baptême permet aux croyants d'entrer dans la communauté des baptisés. Lorsque le rabbin a béni le violon de mon arrière-grand-père, il l'a fait entrer dans la Communauté des Princes.

— La Communauté des Princes ? Il y a donc d'autres Princes ? Je croyais que votre violon était unique.

— C'est vrai. Le Prince est unique. Comme chacun des Princes. Mon violon possède de grands pouvoirs. Pas vrai, Élisée ?

Le petit garçon a souri.

— Oui, monsieur Alex.

Élisée s'est tourné vers moi.

— Sa musique me fait voyager loin d'ici.

J'ai ouvert les yeux ronds. Élisée avait déjà voyagé grâce au Prince ? Comme moi ?

Il a ajouté d'un air malicieux :

— Je sais bien que c'est pour de faux, mais lorsque monsieur Alex joue du violon, j'ai toujours l'impression de partir très loin.

La réponse du petit garçon m'a soulagé. Monsieur Alex m'a longuement regardé. De nouveau, ses yeux clairs fixés dans les miens. Puis il s'est penché à mon oreille et a chuchoté quelques mots, de façon à être entendu de moi seul.

— La Merkabah est puissante. Méfie-toi, mon garçon. Elle peut être dangereuse. Il ne faut pas l'invoquer à la légère. Elle peut te sauver, mais elle peut aussi te perdre. Certains n'en reviennent pas.

J'ai tressailli. La Merkabah ? Qu'est-ce qu'il me racontait ? Je n'avais jamais entendu ce mot de ma vie. La voix grave d'Alexander était entrée dans mon oreille, et ce mot étrange avait brûlé quelque chose au fond de moi. Je n'avais aucune idée de ce que cela pouvait signifier, mais Alex m'avait mis en garde. *La Merkabah. Elle peut te sauver, mais elle peut aussi te perdre.*

Puis il s'est redressé, et il a repris sa voix normale. Il a parlé du pouvoir de consolation de la musique, des violons en particulier. Sur ces entrefaites, Ada est sortie de la chambre. Elle avait enfilé une splendide robe orange, mis du rouge sur ses lèvres et des souliers à talons. Elle était éblouissante. Plus belle encore que le soleil, je me suis dit. Alexander avait raison : Ada était une princesse.

Alexander a changé le disque, troquant le violon pour l'accordéon, et il a posé une main dans le dos de sa jeune épouse.

Chapitre 19

Un tourbillon de grâce et de beauté s'était introduit dans l'appartement. Jamais je n'oublierai ce moment. Toute ma déception du début, quand Alex m'avait dit que le Prince était en révision, s'était envolée. Ils étaient si beaux, tous les deux… Ils semblaient ne faire qu'un, en harmonie avec l'espace et la musique. Alexander et Ada dansaient autour du salon, suivant la ligne d'une courbe imaginaire. De temps à autre, ils quittaient la ligne pour effectuer une figure, toujours fluide et gracieuse. Puis ils retournaient dans la courbe, portés par le tango.

Lorsque le disque s'est arrêté, Élisée et moi avons applaudi. Alex a embrassé la main de sa femme et s'est tourné vers nous.

— Voyez-vous, mes garçons, nous avons dansé un tango. Le tango, c'est la danse de l'amour. Ada, c'est l'amour fait femme. C'est pourquoi je l'aime tant, ma princesse. Et c'est pourquoi elle danse si merveilleusement ! Je guide Ada, qui s'abandonne à moi. Savez-vous qu'il existe un mot, dans le tango, qui illustre merveilleusement cela ?

Ce mot, c'est l'*abrazo*. Nous avançons ensemble, mais c'est mon amour qui la guide. Dans un tango bien mené, tout est harmonie. Les deux danseurs ne font plus qu'un. L'*abrazo* est un acte sacré, tout comme l'amour. Un engagement de toute notre âme. Rien ni personne ne pourra jamais nous séparer.

Il a saisi Ada par la taille, l'a fait virevolter, puis l'a doucement reposée. Le soleil d'octobre entrait largement par la fenêtre ouverte. Ravis, Élisée et moi avons applaudi une nouvelle fois. Les deux danseurs se sont inclinés en souriant.

Ada a tendu la main vers moi.

— Étienne… me feras-tu l'honneur ?

Pendant qu'Alex retournait le disque, je me suis levé, un peu gêné. Je ne savais pas danser. Mais comment refuser ? La jeune femme a mis sa main dans la mienne, posé l'autre dans mon dos, puis elle m'a entraîné avec elle, esquissant quelques pas de danse. Gauche et maladroit, je lui marchais sur les pieds. Elle riait en retour. Toute ma gêne s'était envolée. Je riais aussi, un peu essoufflé, entraîné par la gaieté, la beauté et la grâce de cet après-midi d'automne.

— Élisée ! Descends immédiatement ! Ton frère ne va pas tarder à arriver.

La voix rauque a de nouveau brisé la magie.

— On y va, Étienne. Si mon frère apprend que je suis monté ici…

Tandis que je reprenais mon souffle, Alexander a ouvert une boîte en métal. Il en a sorti une photo. Puis il a pris un stylo et a griffonné quelques mots au verso.

Chapitre 19

— Tiens, mon garçon. C'est pour toi, en l'honneur de ton premier tango. J'espère qu'il y en aura beaucoup d'autres.

— Élisée !

La voix rauque de la mère d'Élisée résonnait dans l'immeuble. Sans prendre le temps de regarder la photo, je l'ai fourrée dans ma poche. Je me suis retourné une dernière fois pour faire un signe aux deux amoureux. C'est seulement à ce moment que j'ai remarqué le veston d'Alexander et le manteau d'Ada, pendus aux portemanteaux de l'entrée. Un grain de sable s'était introduit au cœur de cette belle harmonie. La gorge serrée, j'ai tourné le dos au couloir et j'ai dévalé les escaliers, à la suite de mon camarade.

Dans la cour, j'ai repris mon souffle. Élisée m'a tendu la main.

— Au revoir, mon vieux. Tu as de la chance d'avoir vu les Wietman danser. Monsieur Alex m'a donné la même photo pour mon premier tango. Je l'ai planquée sous mon oreiller.

Il m'a adressé son plus grand sourire. Comme ses yeux étaient bleus…

— On fait tout pareil, toi et moi. On est comme deux frères ! Reviens vite. Tu me manques déjà. Tu n'oublieras pas le Coca ?

J'ai promis. Élisée est rentré chez lui. Machinalement, j'ai levé les yeux vers le premier étage. Ada était accoudée à sa fenêtre et me regardait. Elle m'a envoyé un baiser avec sa main.

— Au revoir, charmant cavalier !

Je lui ai rendu son au revoir et j'ai marché vers la rue.

Lorsque la porte de l'immeuble s'est refermée derrière moi, l'angoisse a étreint mon cœur. Les images étaient trop belles. La joie masquait un danger invisible et sournois, tapi comme un chat guettant sa souris. En entrant dans le salon, j'avais remarqué le pli amer barrant la commissure des lèvres d'Alexander.

Maintenant, je savais pourquoi.

Juste avant de quitter l'appartement, j'avais vu les étoiles jaunes cousues sur le veston d'Alex et le manteau d'Ada. Elles me claquaient à la figure comme deux gifles. C'était ça, le grain de sable. Je savais ce qui allait se passer. En 1943, la plupart des Juifs ne prenaient pas encore vraiment la mesure de la menace qui pesait sur eux. Ils pensaient que la France, terre d'asile, patrie des droits de l'homme, les protégerait. Le gouvernement, les amis, les voisins… Moi, qui venais du vingt-et-unième siècle, je savais où menait l'étoile jaune. Je l'avais appris en histoire. J'avais lu des livres, vu des films. L'étoile jaune menait directement en enfer. Vers l'extermination. La magie du violon, de la musique et de la danse m'avait fait oublier qu'avec l'étoile jaune, le malheur était entré dans cette maison. Je savais pourtant qu'Alexander et son épouse étaient juifs. Je l'ai su dès mon premier voyage. Élisée me l'avait dit. Alexander me l'avait confirmé. Mais je n'avais pas vraiment pris conscience de ce que cela signifiait… Tout ça, la musique, la danse, c'était comme un rêve. Les étoiles jaunes m'avaient ramené à la réalité.

Les étoiles jaunes, l'étoile blanche.

Le bonheur et le malheur se mélangeaient.

J'étais parti trop vite. Il fallait que je remonte. Que je prévienne les Wietman. Les deux amoureux devaient quitter la France pendant qu'il en était encore temps, et rejoindre un pays neutre. La Suisse par exemple. Ou l'Amérique, qui n'était pas neutre, mais hors d'atteinte de la persécution nazie.

Je suis revenu sur mes pas et j'ai essayé de pousser la porte de l'immeuble, sans succès. Elle était fermée de l'intérieur.

J'ai tambouriné.

En vain.

Carnet secret d'E. F.

Quand il a fini par apprendre, car tout finit toujours par se savoir, que le juif du premier me donnait des leçons de musique, Fernand est entré dans une grande colère. Il m'a pris par le bras et m'a secoué.

— Petit pédé ! La musique, le violon, c'est pour les femmes ! Il me semblait bien, aussi, que tu avais changé. Depuis que tu fréquentes ces sales youpins, tu as oublié d'être un homme.

Il m'a cogné. J'ai essayé de me défendre, mais j'avais à peine dix ans. Lui en avait neuf de plus. Ma mère a fini par intervenir.

— Fiche la paix à ton frère.

Fernand m'a lâché. Il est sorti en claquant la porte. Moi, je tremblais de peur et de rage.

À partir de ce jour-là, j'ai cessé d'adresser la parole à mon frère, l'évitant comme la peste. C'est aussi à partir de ce jour-là que j'ai espacé mes visites chez les voisins. J'avais trop peur. Fernand avait perdu son travail. Il passait ses journées à traîner, prenant un malin plaisir à m'espionner. À chaque repas, il m'interrogeait, me demandant si j'étais monté chez les youpins et m'assurant qu'il saurait me corriger, si c'était le cas.

Dehors, le danger se rapprochait. Les Juifs étaient de plus en plus menacés. Les panneaux « interdit aux juifs » ont fait leur apparition sur les vitrines des magasins. Alex dut démissionner du poste de professeur de musique qu'il occupait dans un lycée privé et se retrouva au chômage. Pourtant, lui et sa femme ne semblaient pas excessivement inquiets ; comme si, dans leur bulle d'amour et de musique, ils se croyaient hors d'atteinte de la méchanceté du monde.

CHAPITRE 20

De retour dans ma chambre, j'ai remis le violon-étoile dans sa boîte, et la boîte dans le placard. Alors que j'allais m'écrouler sur mon lit, brisé de fatigue, secoué par autant d'émotions, j'ai pensé à la photo. Je ne l'avais même pas regardée ! Je l'ai tirée de ma poche et je l'ai portée vers la lumière.

C'était exactement la même que celle que j'avais dénichée au Château, dans le tiroir du buffet de la cuisine. Même photo, même dédicace, ou presque. Seuls la date et le destinataire avaient changé.

Paris, le 27 octobre 1942.
Pour Étienne, en souvenir de son premier tango.
Alex.

Je l'ai regardée, encore, encore et encore. Maintenant, je savais que la robe d'Ada n'était pas rouge, comme je l'avais imaginée. Elle était d'un orange éclatant. Quant au visage de la jeune femme, je savais aussi qu'il était plus beau encore en vrai. Je pensais au jeune Élisée. Il avait dit que nous étions comme des frères. Il n'avait pas tort. Tant de choses nous rapprochaient… l'amour de la musique, du violon et de la danse, l'amitié d'Alex et d'Ada… la même photo offerte, la même dédicace. Et le Coca-Cola ! Il ne savait pas encore que la vie se chargerait de le changer jusqu'au trognon. Ce changement demeurait un mystère. Comment cet adorable petit garçon avait-il pu devenir cet affreux Zombra, égoïste, grincheux et méchant ? Comment de si beaux yeux bleus pouvaient-ils être cachés par un regard si noir ? Quelque chose de terrible avait dû arriver.

Il fallait que je retourne là-bas. Que je prévienne les Wietman, avant que cette chose n'arrive. L'étoile blanche m'avait envoyé dans le passé. L'étoile jaune me prévenait.

Oui. Il fallait que j'y retourne.

Carnet secret d'E. F.

Les choses tournaient de plus en plus mal pour les Juifs. Ils étaient convoqués dans les commissariats, arrêtés chez eux, raflés dans les rues. D'abord, ça a été les hommes. Ensuite, les hommes et les femmes. Enfin, les hommes, les femmes et les enfants. Des familles entières étaient raflées. À la vue des colonnes de juifs qui marchaient dans les rues, encadrés par des policiers français, mon cœur se serrait. Personne ne savait ce qui les attendait exactement, mais ce n'était pas bon. Sûrement pas bon. On parlait de déportation vers l'est, dans des camps de travail.

— On va leur apprendre à travailler, à ces fainéants, ricanait Fernand. Finies les mains blanches et douces. À eux les ampoules et les ongles noirs !

J'ai fini par ne plus monter du tout chez les Wietman. J'avais trop peur de mon frère. Les semaines passaient.

Je croisais de moins en moins souvent monsieur Alex. Un jour, il s'est arrêté pour me parler. Il m'a dit qu'Ada était malade, qu'il n'avait pas de quoi faire venir le docteur. Il attendait une occasion pour quitter Paris.

Parfois, j'entendais son violon. Il jouait pour Ada. Mon cœur se serrait.

Un soir, monsieur Alex est descendu frapper à la loge, demandant un peu de pain et de soupe pour sa femme, qui était si faible. Il a supplié ma mère, mais elle ne l'a pas laissé entrer.

— Nous n'avons rien à vous donner. Vous m'en voyez vraiment désolée. Nous aussi, nous avons faim.

Debout dans l'embrasure de la porte, Alex me regardait. Son regard me faisait mal et j'ai baissé la tête. Ma mère n'avait pas tort. Nous avions faim, nous aussi. Les boches prenaient tout. On trouvait de moins en moins à manger. Les queues s'allongeaient devant les magasins. Sans tickets de ravitaillement, on n'avait droit à rien ; et même avec les tickets, ma mère n'était jamais certaine de rapporter du pain. Parfois, après une longue attente à la boulangerie, lorsque notre tour arrivait enfin, le présentoir était vide.

Alex est reparti, les mains vides. Il me semblait que ses épaules s'étaient voûtées. En écoutant son pas lourd résonner dans la cage d'escalier, j'ai pensé à la légèreté d'Ada quand elle dansait, sa robe orange qui virevoltait dans la lumière, sa grâce de papillon. Elle était malade, et je ne pouvais rien faire. Elle va guérir, je me disais. Elle va guérir.

Puis nous n'avons plus entendu de musique. Nous n'avons plus entendu marcher au-dessus de nos têtes.

— Les youpins sont partis, a déclaré Fernand à qui voulait l'entendre, en se frottant les mains. Ils ont détalé comme des lapins. Bon débarras.

Alex et Ada étaient partis, sans même me dire au

revoir. Ils m'avaient abandonné. La cour de l'immeuble est redevenue terne et silencieuse.

Chapitre 21

J'ai enfilé ma tenue de concert : chemise blanche, pantalon noir et chaussures en cuir. J'avais râlé le jour où ma mère m'avait acheté ces chaussures, mais je n'avais pas vraiment eu le choix, Mathilde nous interdisant les baskets. Je me suis dit que ce serait une bonne idée de mettre tout cela pour voyager dans le passé ; cette tenue intemporelle m'éviterait de nouvelles remarques et questions sur ma façon de m'habiller. L'ensemble faisait un peu premier de la classe. Pas du tout mon style ! Je ne m'habillais ainsi que pour les occasions spéciales, concerts et mariages. Cette tenue « spéciale musique, spéciale grandes occasions » me semblait parfaite pour faire honneur au Prince, voyager vers le passé et rejoindre Élisée, qui était en short, lui, les deux fois où je l'avais rencontré. On disait « culottes courtes » à l'époque, les pantalons étaient réservés aux hommes, et aux jeunes hommes. À quatorze ans, les garçons de mon âge pouvaient déjà porter des « culottes longues ». Homme, je ne le suis pas tout à fait, même si depuis quelques semaines ma voix est nettement descendue dans les graves.

J'ai pris le violon-étoile, mon chiffon doux, et je me suis installé dans le placard.

Lorsque j'ai poussé la porte pour la troisième fois, la nuit était déjà tombée. Il faisait froid, dans la cour intérieure. Quelques fenêtres étaient éclairées, qui projetaient des carrés jaunes sur le pavé. J'ai toqué à la loge de la concierge. La mère d'Élisée a ouvert la porte.

— Bonjour madame. Pourrais-je voir Élisée quelques minutes ?

Son visage s'est fermé.

— Il est bien tard pour une visite, jeune homme.

Elle a tourné les talons, mais n'a pas fermé la porte. Quelques instants plus tard, mon camarade était devant moi. Comme il avait changé ! Ce n'était plus le petit garçon bavard et affable que j'avais connu, quelques jours plus tôt. Aussi grand que moi, peut-être même un peu plus, il paraissait avoir à peu près mon âge, à présent. Avait-il remarqué que moi, je n'avais pas changé ? En tout cas, il n'en laissait rien paraître. Son regard était immensément triste.

— Étienne, c'est toi ? Pourquoi as-tu tant tardé ? Tu m'avais promis de revenir très vite. Une fois de plus, tu n'as pas tenu ta promesse.

— Je n'ai pas pu, je te le jure. C'est de plus en plus compliqué de monter à Paris. Je suis venu te dire… Les Wietman… ils sont en danger. J'espère qu'il n'est pas trop tard. Ils doivent quitter la France.

— Quitter la France ? Qu'est-ce que tu racontes ? C'est

fait… depuis longtemps, a-t-il bredouillé d'une voix à peine audible.

Les Wietman étaient donc sauvés… Mais pourquoi Élisée affichait-il cette mine lugubre ? Comme s'il devinait mes pensées, il a repris :

— Ils ont été arrêtés.

Mon sang s'est figé.

— Arrêtés ?

— Oui. Il y a deux ans. La nuit de Noël.

Deux ans ! Le temps s'était emballé. J'étais incapable de prononcer une parole, tellement ma gorge était nouée.

— Tout est ma faute.

— Ta faute ?

— Je les ai dénoncés. Je ne me le pardonnerai jamais. Ils ne sont jamais revenus. Mais c'est de ta faute, aussi.

Ma faute ? Son regard a viré au noir. Un noir chargé de reproches. Un noir que je connaissais trop bien.

— Tu aurais pu les sauver, Étienne.

Les sauver ?

— Tu aurais pu les emmener avec toi, dans tes montagnes. De là, ils seraient passés en Suisse. Rien ne serait arrivé.

Non. J'aurais pu prévenir les Wietman. Pas les emmener avec moi. Nous n'appartenions pas à la même époque. Comment lui expliquer cela ?

— Élisée ! Retourne dans ta chambre. Tu fais entrer le froid. Ça coûte cher, le charbon.

Encore cette voix rauque, criarde.

— Maintenant, c'est trop tard, a ajouté Élisée. On ne peut plus rien pour eux. J'espère qu'ils reviendront. Je l'espère tellement… Je prie tous les jours.

Sa voix était devenue triste, presque lugubre.

— Viens. Il faut que je te parle. Je vais tout te raconter. Mais pas ici.

Il a regardé la lumière de la loge, puis m'a montré un escalier, de l'autre côté de la cour, à l'opposé de celui où nous nous trouvions – celui où tout avait commencé. Nous sommes allés nous y asseoir. La pierre était glacée.

— C'était le soir de Noël. Ma mère avait réussi à faire un gâteau…

— Élisée !

Sa mère a surgi devant l'escalier, furieuse. On ne l'avait pas entendue venir. Comment avait-elle fait ? Un vrai cauchemar, cette bonne femme.

— Tu n'es donc pas capable de tenir ta langue ? Ce qui est arrivé aux voisins, ce n'est pas nos oignons. Encore moins ceux des autres. Rentre immédiatement.

Elle s'est tournée vers moi.

— Toi, tu files. Je ne veux plus te voir traîner par ici.

Elle a pris Élisée par le cou et l'a forcé à retourner à la loge. Quelle brute ! Elisée s'est retourné une dernière fois.

— Étienne ! Tu es mon ami ! Mon frère ! Ne m'oublie pas ! Tu reviendras me voir, pas vrai ? Il faut que je te raconte. Cette fois, n'oublie pas le Coca.

Le Coca… Flûte, Élisée avait raison, j'avais oublié le Coca. Je n'avais pensé qu'aux fringues. J'ai promis, la gorge serrée. J'ai ouvert la porte qui donnait sur la rue et j'ai plongé dans les ténèbres.

Carnet secret d'E. F.

Un samedi après-midi, alors que je montais les escaliers, j'ai croisé madame Leduc, la voisine du troisième, son cabas à provisions à la main. J'avais toujours eu un peu peur de cette vieille bonne femme qui me faisait penser à une sorcière avec son nez crochu, son menton en galoche, les mèches grises et folles qui s'échappaient de son fichu. Il ne lui manquait qu'un balai pour que l'image fût parfaite. En me voyant, elle a posé son cabas.

— Que fais-tu là, toi ? m'a-t-elle demandé sans douceur.

Je lui ai répondu que ma mère m'avait envoyé récupérer un seau et un balai dans le galetas. J'ai ajouté que je m'ennuyais, que le violon de monsieur Alex me manquait.

— Il me donnait des cours, il est parti sans dire au revoir. Ce n'est pas juste.

— Tu trouves que ce n'est pas juste ? L'injustice, la vraie, c'est le sort fait à ces gens-là. Monsieur Alex et son épouse ne t'ont pas abandonné. Ils sont partis se cacher. Ils reviendront lorsque la guerre sera finie.

Madame Leduc a ramassé son cabas, a grimpé les

étages jusque chez elle. Elle n'avait plus vraiment l'air d'une sorcière. Elle avait dit « ils sont partis se cacher ». J'ignorais où, mais je priais de toutes mes forces pour qu'ils soient en sécurité.

Quelques jours plus tard, je suis de nouveau tombé nez à nez avec madame Leduc qui descendait sans bruit, son cabas à la main. Un cabas plein. J'ai trouvé ça louche.

En voyant mon regard, elle s'est mise à bafouiller.

— Bonsoir mon garçon. Je… je me dégourdissais les jambes. À mon âge, tu sais…

J'ai trouvé cela étrange, qu'une grande personne ait besoin de se justifier aux yeux d'un enfant… surtout le fils de la concierge. J'ai haussé les épaules. J'allais traverser le palier lorsqu'un tout petit bruit a attiré mon attention. Un minuscule clic, qui venait du seuil des Wietman. La porte venait de se fermer, j'en étais sûr ! J'ai regardé madame Leduc. Elle a mis l'index devant ses lèvres, s'est bouché les oreilles, les yeux.

— Tu n'as rien entendu, Élisée. C'est important. Tu n'as rien entendu, tu n'as rien vu, et tu ne diras rien à personne. Jure.

Elle a agité son index maigre devant moi. On aurait de nouveau dit une sorcière.

— Jure-le devant Dieu ! Jure, et crache. Si tu trahis, tu iras en enfer.

J'ai juré, craché (juste un tout petit peu, cracher dans les escaliers était interdit et je ne tenais pas à me faire disputer), puis je suis redescendu, bouleversé. Monsieur Alex et sa femme étaient là, juste au-dessus de ma tête ! Ils se cachaient. J'ai sorti la photo coincée entre le matelas et le sommier de fer, je l'ai embrassée, puis je l'ai remise sous le matelas.

Chapitre 22

Affalé sur le canapé du salon, je caressais la fourrure tiède et douce de Zibulon. Là-haut, dans le placard de ma chambre, le violon m'appelait. Je résistais, frémissant à l'idée de me retrouver coincé dans le passé, de ne plus pouvoir revenir. Alexander m'avait prévenu. *Ça peut être dangereux... Certains n'en reviennent pas.* À présent, je comprenais ce qu'il avait voulu dire. La porte d'entrée était déjà restée bloquée une fois. Qui sait ? Elle pouvait se verrouiller dans l'autre sens et m'empêcher de revenir dans le présent. Rester en 1945, en 1946, en 1947... ou n'importe quelle année précédant ma naissance ! Cette simple idée me donnait la chair de poule. Et la chair de poule, je l'avais tout le temps, depuis mon dernier voyage. Les Wietman avaient été arrêtés. Je ne pouvais plus rien faire.

Plus rien faire ? Vraiment ?

En es-tu sûr ?

Une autre voix s'élevait au fond de moi. Je devais surmonter ma peur et retrouver Élisée. Il était triste, il était malheureux, il avait besoin de moi. Son beau regard bleu était déjà en train de virer au noir. Peut-être pouvais-je encore modifier le cours des choses ? Et surtout, je lui avais promis de revenir. Étant donné l'accélération du temps, j'avais intérêt à faire vite. Élisée m'avait dit qu'il avait dénoncé les Wietman. J'avais du mal à le croire. Il fallait qu'il me raconte ce qui s'était réellement passé.

— Étienne !

Me tirant de mes réflexions, les appels de ma mère ont résonné dans la maison. Je devais monter. Immédiatement.

Ma mère se tenait en haut des escaliers, le Prince à la main.

— Il était caché au fond de ton placard. Je l'ai trouvé en rangeant ton linge. Tu m'expliques ?

J'ai serré les poings.

— Non. Ce ne sont pas tes affaires.

La gifle est partie. D'un coup. Les larmes me sont montées aux yeux. À ceux de ma mère aussi. Visiblement, elle regrettait déjà son geste. Il n'était pas dans son habitude de me frapper.

Elle a bredouillé.

— Je sais comme jouer du violon est important pour toi. Je fais le maximum… cela fait des années que je fais le maximum pour t'aider. Mais c'est parfois dur pour moi, tu sais. Ton père…

La honte me brûlait autant que la gifle. Comment avais-je pu parler ainsi à ma mère ? La musique a été la première cause de sa souffrance. Je le sais, même si elle ne me l'a jamais dit ouvertement. La musique lui a enlevé le grand amour de sa vie. Pourtant, elle m'a toujours soutenu dans mon apprentissage de la musique. Et moi je lui avais parlé comme la mère d'Élisée avait parlé à son fils. Ce ne sont pas tes affaires. Qu'est-ce qui m'avait pris ?

J'ai pris mon courage à deux mains. Le ciel allait me tomber sur la tête, mais tant pis.

— D'accord, maman. Je vais tout te dire. Le violon-étoile appartient au voisin de Mamé. Je l'ai trouvé dans son grenier quand je suis allé chez lui avec Élisa, au début des vacances. On devait aller nourrir les chats. Je suis désolé, maman. Je sais que je n'aurais pas dû. Je n'ai pas pu m'en empêcher. Ce violon est trop beau, trop bizarre.

J'avais parlé trop vite. Comment lui dire : *il a des pouvoirs* ? *Il m'envoie dans le passé* ? C'était impossible.

— Trop bizarre ? Qu'est-ce que tu racontes ? Explique-moi tout ça calmement.

— Je voulais vous faire une surprise, à toi et à papa.

— Papa ?

— Pour le concours. Je voulais arriver premier. Je voulais l'impressionner avec ce beau violon, pour qu'il revienne…

— Ton père ne reviendra pas.

J'ai baissé la tête. Elle a pris mon menton dans sa main et m'a forcé à la regarder.

— Ton père ne reviendra pas, quoi que tu fasses. Ce n'est pas ta faute, s'il est parti. Tu le sais. On en a déjà parlé. Ce n'est pas pour le faire revenir que tu joues du violon… c'est pour toi.

— De toute façon, le violon-étoile est en trop mauvais état. Je ne peux même pas en jouer. Il est super beau, mais ce n'est pas un si bon violon que ça, tu sais… Je ne le gagnerai jamais, ce concours.

Alors que je m'attendais à une leçon de morale, ma mère a simplement, longuement regardé le violon.

Elle a poussé un grand soupir.

— J'ai une idée. Faute avouée, à moitié pardonnée. Tu iras trouver monsieur Élisée, et tu lui rapporteras son violon.

Rapporter le violon à Furax ?

— On voit bien que tu ne le connais pas, maman… Il va me tuer.

— Ne dis pas n'importe quoi.

Maman ne détachait plus son regard de l'étoile.

— Je n'ai jamais vu un violon pareil. On va d'abord le porter à la luthière. Tu paieras la réparation. Ensuite, on ira rendre le violon à monsieur Élisée. Son violon tout neuf, tout réparé. Peut-être te pardonnera-t-il. C'est une bonne idée, tu ne trouves pas ?

Tu parles d'une bonne idée. Tout l'argent de poche que j'avais mis de côté depuis des mois allait y passer. Mais ce n'était pas ça, le problème. C'était Barbara, le vrai problème. Barbara lustrerait le violon, l'étoile. Forcément. C'était son travail de luthière. À son tour, elle serait envoyée dans le passé.

Tout cela était ma faute.

Pourquoi n'avais-je pas pris mes jambes à mon cou, lorsque j'avais croisé le vieux pour la première fois…

Carnet secret d'E. F.

Est arrivé le soir de Noël 1943. Toujours, je me souviendrai de ce soir-là. Comment pourrais-je oublier ? La veillée avait pourtant bien commencé. Ma mère avait préparé un gâteau avec ce qu'elle avait pu trouver de farine, de sucre et de margarine. Un seul œuf pour lier le tout, mais un œuf quand même. Un exploit, en ces temps de privations. Une chandelle de suif faisait office de bougie. J'étais heureux à l'idée de manger une part de gâteau.

Ce soir-là, Fernand est rentré complètement ivre, chantant des chansons obscènes. Ma mère lui a demandé de se taire.

— C'est Noël. Tiens-toi tranquille, pour une fois.

Mais il ne s'est pas tenu tranquille. Dans ses yeux brillait une lueur mauvaise.

— Comment tu me parles ? Tu n'as rien à me dire.

Il s'est tourné vers moi et a commencé à parler de ces sales youpins. C'étaient ses mots. Encore et toujours. Ces sales youpins.

— Tu ne les as pas invités ?

Il a ajouté :

— On les aura jusqu'au dernier, ces rats, cette vermine, cette saleté. Cette pourriture.

Il a craché.

Fernand se trompait. Ce n'était pas les juifs qui étaient sales. La pourriture, elle était dans sa bouche qui avait prononcé ces mots. La saleté, c'était le crachat qui avait laissé une petite marque visqueuse sur le carrelage. J'ai pensé à mes amis, cachés au-dessus de ma tête. J'étais sûr qu'ils entendaient les horreurs prononcées par la bouche tordue de mon frère. Rats, youpins, vermine… Fernand me faisait honte. J'aurais tellement voulu qu'il se taise. Je ne comprenais pas le rapport entre ces horribles bêtes et ces beaux jeunes gens, si pleins d'amour et de dignité.

Je n'ai pas pu m'empêcher de lui jeter à la figure :

— Ce ne sont pas des rats. D'ailleurs, Alex et sa femme sont plus intelligents que toi, que tous ceux qui leur veulent du mal. Ils se cachent. Personne ne les trouvera. Jamais !

J'ai aussitôt regretté mes paroles. Les yeux de mon frère ont flambé. Il m'a pris à nouveau le bras mais, cette fois, l'a tordu derrière mon dos. Ma mère était pétrifiée.

— Où sont-ils ?

— Je ne sais pas.

— Menteur !

Il a tordu plus fort. Des larmes ont jailli de mes paupières. J'avais trop mal. Et voici ce qui est arrivé : un millionième de seconde à peine, un millionième de seconde en trop, j'ai levé les yeux et le menton vers le plafond. Fernand a surpris mon regard et mon geste à peine esquissé. Un sourire mauvais a écarté ses lèvres, remontant sa moustache et découvrant ses dents noires.

Sortant enfin de son hébétude, ma mère est intervenue.

— Laisse ton frère, maintenant. Tu vas lui casser le bras. C'est Noël. Tu n'as pas honte ?

Elle s'est avancée vers lui. Fernand l'a repoussée. Il a planté son regard dans le mien en éclatant de rire, et m'a donné une bourrade dans le dos.

— Merci du renseignement, petit frère. Tu peux être fier de toi. Joyeux Noël !

Je tremblais. Il fallait que je prévienne monsieur Alex. Je me suis dirigé vers la porte, mais Fernand a compris mon intention. Me prenant de nouveau le bras malgré ma résistance, il m'a traîné derrière lui et poussé dans la chambre.

— Tu n'iras nulle part.

Il a fermé la porte à double tour. Je me suis précipité, j'ai tourné la poignée, tambouriné, j'ai appelé ma mère en vain. Personne n'est venu m'ouvrir.

Alors je me suis écroulé sur le lit, et j'ai pleuré.

Chapitre 23

Toute menue, frêle dans sa blouse bleue, la luthière nous a accueillis avec un grand sourire dans son atelier, qui sent bon le bois et le vernis. Il est comme elle : lumineux et chaleureux. Chaque fois que je me rends chez Barbara, j'ai l'impression de changer d'époque. Je me retrouve brusquement plongé au XVIIe siècle, dans un atelier de Crémone, la ville italienne spécialisée dans la fabrication des meilleurs violons. C'est d'ailleurs à Crémone que travaillait Stradivarius, le plus grand luthier de tous les temps. Comme dans l'atelier de Stradivarius, des violons de toutes tailles et à divers stades de fabrication ou de réparation sont suspendus le long des murs, de même que de nombreux outils : scies, ciseaux à bois, gouges, racloirs, limes, compas d'épaisseur, pinceaux. Sur les étagères, des dizaines de pots de vernis et de colle, des rabots, des crayons…

— Alors, ce violon ? Tu me le montres, Étienne ?

J'ai ouvert la boîte, j'en ai sorti le violon-étoile et je l'ai tendu à contrecœur à la luthière. Elle l'a regardé, l'a retourné. Elle a froncé les sourcils en découvrant l'étoile de nacre. Elle l'a de nouveau retourné, a pincé les cordes, frappé quelques petits coups sur le bois verni, approché son oreille. Pour finir, elle a jeté un coup d'œil à travers les ouïes. Anxieux, je la regardais faire.

— C'est un violon très particulier, a-t-elle déclaré après quelques minutes de silence. Comment est-il arrivé entre vos mains ?

— Il appartient à un vieux monsieur de la maison de retraite où vit ma mère, a répondu maman.

— Cette étoile, a dit Barbara en désignant le dos du violon. Vous savez ce qu'elle signifie ?

— On dirait une étoile de David, non ? a hasardé ma mère. Je me demandais justement s'il pouvait y avoir un rapport…

— Vous faisiez bien. Ce violon est effectivement un violon yiddish.

Ma mère s'est tournée vers moi.

— Tu le savais, Étienne, que monsieur Élisée est… de religion juive ? Il t'en a parlé ?

J'ai pris mon air le plus innocent, le plus étonné, et j'ai secoué la tête.

— Ce genre de violon est rare, a repris Barbara. Il a une grande valeur. C'est un beau violon, mais il y a pas mal de travail à prévoir. Tu as pu t'en apercevoir, Étienne. J'imagine que tu as essayé d'en jouer.

— Oui.

— Et tu n'as pas pu.

— Non.

— C'est normal. Il faut remplacer la mèche de l'archet, replacer le chevalet correctement, tendre de nouvelles cordes. Mais ce n'est pas tout. Tu sais ce qui lui manque, naturellement ?

— Oui.

J'ai laissé passer quelques secondes avant de répondre à voix basse.

— Il a perdu son âme.

— Bravo, Étienne. C'est exactement ça, son problème.

Je le savais depuis le premier jour. Le vieux Zombra me l'avait dit, et j'avais vérifié : le ventre du violon était vide. Le plus beau des violons (avec ou sans étoile) n'est rien sans son âme, une modeste cheville de bois fixée entre les ouïes. En transmettant les vibrations des cordes entre le dos et la table de l'instrument, c'est l'âme qui donne sa voix au violon.

Nous avons quitté l'atelier. Le violon était à présent entre les mains de Barbara. La luthière allait lustrer l'étoile et partir dans le passé.

Pourquoi n'avais-je pas laissé le violon dans son armoire, au Château…

Carnet secret d'E. F.

C'est ainsi que j'ai trahi cet homme, qui était plus que mon frère. Que j'ai trahi cette femme, la sœur que je n'ai jamais eue. Ils ont été arrêtés le soir même. La nuit de Noël ! De ma chambre, j'ai entendu les pas lourds dans l'escalier, les coups contre la porte. Lorsque je suis monté au premier, le lendemain, la porte était entr'ouverte. Je suis entré dans la cuisine, le salon. Chaque chose était encore à sa place. Le Prince trônait sur son fauteuil. J'ai caressé l'étoile, le cœur serré. Pourquoi Alex n'avait-il pas emporté son violon ?

Quand je suis redescendu, ma mère faisait la vaisselle. En voyant l'étui du Prince sous mon bras, elle a décroché un torchon, s'est essuyé les mains.

— Qu'est-ce que c'est ?

— Le violon de monsieur Alexander.

— Tu as bien fait de le prendre. On pourra en tirer un bon prix.

J'ai presque crié :

— Ce violon ne nous appartient pas ! Je ne suis pas

un voleur. Lorsque monsieur Alex et madame Ada reviendront, je leur rendrai le Prince.

— Le Prince ?

Ma mère a haussé les épaules et repris sa vaisselle. J'ai caché le violon sous mon lit.

Les jours, les semaines, les mois ont passés. Ni monsieur Alex ni sa femme ne revenaient. Il ne faisait plus de doute qu'après avoir été arrêtés, ils avaient été envoyés à l'est, dans un camp de travail.

— Ils reviendront à la fin de la guerre, me disais-je.

Quelques mois plus tard, Paris était libéré. Au milieu d'une foule immense, le général de Gaulle descendait les Champs-Élysées, victorieux. Je me souviens de cette foule, partout. Les drapeaux français, les rires, les danses. Paris était libéré, grâce au courage des résistants. Paris était en fête. Mon frère, qui avait pourtant livré des juifs, échappa par miracle à l'épuration et retrouva du travail chez un autre boucher.

La nuit de Noël 1944, une étrange plainte m'a sorti du sommeil. Cela faisait un an exactement que j'avais trahi. J'ai ouvert les yeux. Plus rien. J'ai cru que j'avais rêvé. Mais la plainte s'est de nouveau élevée dans la chambre. Dans son lit, Fernand n'avait pas bougé. Il avait beaucoup bu, et il ronflait. La plainte que j'entendais n'avait rien à voir avec les ronflements de mon frère. C'était comme une chanson douce, une chanson douloureuse. La plainte venait de mon lit ! De sous mon lit, exactement.

Alors j'ai compris.

Le Prince des violons pleurait son maître disparu.

Carnet secret d'E. F.

Je me suis levé et j'ai sorti le violon de son étui, tremblant d'angoisse à l'idée que mon frère se réveille en entendant la plainte, trouve le violon, le jette par terre et le piétine, furieux d'avoir été réveillé par le violon d'un youpin. Il en était capable. Mais Fernand continuait de ronfler, complètement ivre.

J'ai pris le violon avec moi, sous la couverture. J'ai caressé le bois tiède, l'étoile de nacre. Il m'a semblé que le violon s'apaisait, que la plainte devenait plus douce. J'ai fini par me rendormir, le violon contre ma poitrine.

Au petit matin, j'ai attendu que Fernand se lève et quitte la chambre pour aller boire son ersatz de café. J'ai sorti le violon redevenu silencieux, et je l'ai remis dans son étui. Il a retrouvé sa place sous le lit.

CHAPITRE 24

Trois jours plus tard, ma mère et moi frappions de nouveau à la porte de l'atelier de lutherie. Pendant deux jours, j'avais redouté un coup de fil qui n'était jamais venu. J'avais imaginé le pire. Barbara aspirée par les ouïes du violon-étoile. Barbara partie dans le passé. Mais elle avait appelé le matin même pour annoncer que le violon était réparé, et que nous pouvions aller le récupérer. Je n'étais pas complètement rassuré. Peut-être, après avoir voyagé dans le passé, jugeait-elle plus approprié de parler à ma mère de vive voix.

— Le violon est réparé, entièrement réglé, a-t-elle déclaré d'un ton parfaitement naturel. C'est un bon violon. Un très bon violon.

J'ai poussé un soupir de soulagement. Apparemment, rien de surnaturel n'était arrivé.

— J'ai mis de bonnes cordes, changé la mèche de l'archet. Il me reste une dernière chose à faire. Maintenant regarde, Étienne. Regarde bien.

À présent que j'étais soulagé, je pouvais me concentrer

sur les gestes de Barbara. Elle tenait dans la main une fine baguette de bois très légèrement conique, pas plus longue qu'un cure-dents. Elle a piqué la baguette au bout d'un outil en forme de crochet, l'a introduite à travers l'ouverture d'une ouïe et, d'un geste habile, l'a glissée dans le ventre de l'instrument. Elle a retourné le crochet et, avec l'autre extrémité de ce dernier, elle a positionné la petite baguette.

Elle m'a tendu le violon.

— À toi l'honneur, Étienne. Vérifie que l'âme est bien en place.

Le cœur battant, je me suis approché de la fenêtre pour mieux voir et j'ai fermé un œil. J'ai hésité un instant. La lumière qui pénétrait dans le violon projetait deux petits *f* sur le fond de l'instrument, mais cette fine lumière n'avait rien à voir avec celle que j'avais vue par trois fois dans le placard. Cette lumière-là venait de la fenêtre, elle venait de l'*extérieur*. Elle venait du soleil. Une lumière tout à fait normale, naturelle. *Bio*. Devant cette fine lumière se dressait une petite silhouette noire, droite et fière. C'était elle. Elle ! L'âme que venait de placer la luthière, cette petite âme de rien du tout qui allait redonner sa voix au violon-étoile.

De retour à la maison, j'ai filé dans ma chambre afin d'essayer le violon et l'archet révisés. La petite âme avait retrouvé sa place. Peut-être que tout était rentré dans l'ordre… peut-être le violon-étoile réclamait-il simplement cette restitution pour retrouver sa voix, cette si belle voix que j'avais entendue à Paris et qui m'avait tellement fait rêver. Je savais aussi qu'il réclamait son archet. L'archet de pernambouc, m'avait dit Barbara. Un archet de compet'. J'avais de la chance : les archets de pernambouc sont de plus en plus rares, ce bois exotique étant désormais protégé.

Je me suis installé sur le tapis, puisque je n'avais plus besoin de me cacher.

Soigneusement lustré par Barbara, le violon brillait de toutes ses forces. Je n'osais pas regarder l'étoile. Pas encore.

— J'espère que tu es satisfait, maintenant. Tu as retrouvé ton âme, et ton archet est complètement réparé. C'est ce que tu voulais, non ?

J'ai décroché l'archet du couvercle. J'ai résisté à l'envie de caresser la mèche, qui paraissait si douce. Il faut éviter de toucher aux crins, me dit souvent Mathilde, on a toujours un peu de gras sur le bout des doigts. Je me suis levé, j'ai posé le violon-étoile sur mon épaule, j'ai levé l'archet, et je l'ai doucement approché des cordes. Comme la première fois, j'ai senti un long frémissement courir sous mes doigts. Lorsque les crins ont effleuré la première corde, l'archet a fait le gros dos, comme Zibulon sous les caresses.

J'ai écarté l'archet du violon et je me suis levé pour aller chercher ma partition préférée de Piazzolla. *Libertango.* Je l'ai sortie de mon classeur et je l'ai placée sur le pupitre.

Tout est allé très vite.

Trop vite.

L'archet sautait d'une corde à l'autre. Excité. Terriblement pressé. Comme s'il désirait rattraper tout ce temps perdu, enfermé dans le grenier au milieu des araignées et des lérots poilus. Sur la touche, les doigts de ma main gauche peinaient à suivre. L'archet allait trop vite. Le violon réagissait au quart de tour, bien trop rapidement pour moi. Furax avait raison. Ce violon était une Ferrari ! J'étais incapable de le maîtriser. Il fallait s'appeler Alexander Wietman pour en jouer. Il fallait être un maître. Un vrai musicien. Moi, je n'étais qu'un apprenti violoniste. Même pas. Un violoneux, comme disait Élisa. Un prétentieux, comme disait Furax. Je n'étais pas digne du Prince.

J'ai rangé le violon dans sa boîte et j'ai mis la boîte dans le placard.

Elle était bien pourrie, cette fin d'année. Pourrie de chez pourrie. En guise de bonne résolution, je n'avais plus qu'à rendre le violon-étoile au vieux Furax, qui continuerait de me fusiller avec son regard noir. Jamais je ne gagnerais le concours. Mon père continuerait de m'ignorer, se contentant de m'envoyer une petite carte deux fois par an pour se donner bonne conscience. Rien n'avait changé. Rien ne changerait jamais. J'étais un gros nul sur toute la ligne.

Puis je me suis souvenu de ma promesse. N'avais-je pas décidé de retourner voir Élisée, juste avant que ma mère ne trouve le violon, trois jours plus tôt ?

Élisée souffrait. Il m'attendait. J'avais promis.

Je suis descendu dans la cuisine. J'ai ouvert le frigo. Il n'y avait plus de Coca. Rupture totale de stock. Tant pis. J'espérais qu'Élisée comprendrait.

Je suis remonté dans ma chambre. J'ai enfilé ma tenue de concert, je suis entré dans le placard, j'ai ouvert la boîte, j'en ai sorti le Prince et je l'ai posé sur mes genoux.

Alors, pour la quatrième fois, j'ai frotté l'étoile.

Carnet secret d'E. F.

La guerre achevée, le monde a appris ce qu'il était advenu des Juifs. Ils avaient été déportés dans des camps d'extermination. D'extermination ! Les hommes, les femmes, les enfants. Les nazis les avaient traités comme on traite la vermine. Alex et sa femme avaient été déportés par ma faute, parce que mon frère m'avait tordu le bras, parce que je n'avais pas eu un gramme de courage. Je ne me pardonnais pas ce millionième de seconde qui avait condamné mes amis à la déportation, à la mort. Jamais je ne pourrais réparer. Je savais cela. La malédiction de la vieille madame Leduc était tombée sur ma tête.

La nuit de Noël 1945, le violon pleura à nouveau. Il me sembla reconnaitre un tango. C'était ma punition, ce tango qui réveillait mes remords, les chauffait au fer blanc. Depuis le mois d'octobre, Fernand, qui avait échappé par miracle à l'épuration, ne vivait plus avec nous. Il louait une petite chambre au-dessus de la boucherie où il avait retrouvé du travail. Malgré tout, j'ai pris une couverture, je l'ai pliée en quatre, en huit, je l'ai posée sur le violon pour ne plus entendre sa voix. Les sanglots du violon me parvenaient encore, étouffés. Ils ont duré toute la nuit, célébrant l'amer anniversaire. Moi je pleurais en silence, accompagnant la plainte du Prince.

La France était à reconstruire ; la tâche, immense. J'ai quitté l'école pour entrer en apprentissage chez un charpentier. Le patron parlait peu, mais enseignait bien. J'apprenais vite. En trois ans, j'acquis l'essentiel du métier. J'aimais monter sur les toits, m'asseoir sur la poutre faîtière, les deux jambes pendant dans le vide, pris d'un léger vertige. Là-haut, je me sentais presque libre. Je recherchais l'ivresse que me procurait la sensation du vide.

À la fin de mon apprentissage, le patron a voulu m'embaucher car il avait besoin d'un bon ouvrier. Avec la reconstruction, disait-il, le travail ne manquait pas. J'ai refusé. J'avais quinze ans, des fourmis plein les jambes. Le printemps pointait le bout de son nez. J'ai fait ma valise et je suis monté dans le premier train pour Grenoble.

Ainsi ai-je quitté Paris sans regret, le 12 avril 1948. Paris et ma mère qui baissait la tête devant mon frère. Paris et mon frère qui se comportait en parfait boucher tranquille, comme s'il n'avait jamais eu le sang d'Alex et d'Ada sur les mains — seulement celui des porcs, des agneaux et des bœufs qu'il dépeçait froidement.

Il faisait encore sombre lorsque je suis descendu sur le quai au petit matin, après avoir voyagé toute la nuit dans un wagon couchette. Je suis entré dans le premier café venu afin de me réchauffer. Lorsque j'en suis ressorti, le soleil d'avril éclaboussait les toits et les sommets des platanes. Au-delà de l'avenue brillaient les montagnes, encore auréolées de neige.

Tant de beauté m'a pétrifié.

Moi qui n'avais jamais connu que les rues de Paris, j'avais sous les yeux une image plus belle encore que celle du calendrier des postes qui me faisait tellement rêver, lorsque j'étais petit. J'ai loué une chambre près de la gare et j'ai traîné quelques jours, déambulant au hasard sur les quais, le long de l'Isère. J'ai eu plus d'une fois la tentation de sauter, pris d'un désespoir subit. Ne sachant pas nager, je savais que je coulerais à pic au fond des eaux grises. Puis je levais la tête, regardant de nouveau les sommets qui brillaient sous le ciel bleu. Je reprenais espoir.

Un soir d'errance, je suis tombé en arrêt devant un atelier d'ébéniste. Au-dessus de la devanture, une enseigne fraîchement repeinte : « Atelier Stolino ». Dans la vitrine de l'atelier était exposé un bureau en marqueterie.

Ce fut comme une illumination.

Je suis revenu le lendemain matin et j'ai poussé la porte. Lorsque monsieur Stolino, le patron, m'a demandé d'où je venais et où se trouvait ma famille, car j'étais encore bien jeune, je lui ai simplement répondu que ma famille avait péri sous les bombes, que j'étais le seul survivant. Il a eu l'air désolé. Je lui ai demandé de m'enseigner l'art de l'ébénisterie. En échange, je m'engageais à travailler pour lui gratuitement, dans la mesure de mes capacités puisque je connaissais déjà un peu le travail du bois.

Il a réfléchi quelques minutes, puis a hoché la tête.

— Je te prends à l'essai. On verra bien ce dont tu es capable.

L'essai a été concluant, puisque le patron m'a gardé. J'ai appris l'ébénisterie. Monsieur Stolino m'avait installé un matelas dans un coin de l'atelier, séparé du reste de la pièce par un simple rideau. Les nuits d'insomnies, je me levais et je poursuivais le travail de la journée.

Chapitre 25

Pour la quatrième fois, la lumière a vacillé derrière les ouïes du violon, formant de nouveau des petits *f* irisés, aux couleurs de l'arc-en-ciel.

Mais ce n'était pas tout.

Quelque chose avait changé.

Dans le placard, des étoiles blanches sont apparues à leur tour. Elles tournaient sur elles-même et autour de moi. Elles ont fini par fusionner. Il n'y avait plus qu'une seule étoile, très grande, très blanche et nacrée, formée par deux pyramides emboîtées l'une dans l'autre. Les petits *f* irisés sont venus se mêler à la lumière de l'étoile. Comme les petites étoiles quelques minutes plus tôt, la grande étoile tournait sur elle-même, tout en suivant une curieuse ellipse, telle une planète tournant en orbite autour du Soleil.

Il y a eu un grand flash de lumière.

Un flash bleu. Aveuglant.

J'ai fermé les yeux.

Lorsque je les ai rouverts, le placard avait disparu. Cette fois, je me trouvais au milieu d'une rue grouillant de monde, bien loin de l'immeuble calme des Wietman. Comment allais-je retrouver Élisée ? Je n'avais aucun repère. Les maisons bordant la rue étroite étaient toutes en bois. Sous mes pieds, pas de goudron, mais des pavés. Dans la rue, aucune voiture. Une rue piétonne ? Je n'avais aucune idée de l'endroit où m'avait envoyé le violon, mais je n'avais pas l'impression d'être à Paris.

Des gens marchaient autour de moi, curieusement vêtus. Certains tiraient une charrette à bout de bras. D'autres encore poussaient une brouette. Personne n'allait tête nue ; tous allaient à pied. Avec mon pantalon noirs et ma chemise blanche, cette fois, je ne détonnais pas trop dans le décor. Les hommes portaient tous un couvre-chef, chapeau noir ou casquette, une barbe, un grand manteau. Les femmes arboraient jupes ou robes longues, un foulard noué sous le menton ou derrière la tête. Des musulmans ? Non. Il me semblait plutôt que j'avais encore changé d'époque.

Le soleil déclinait.

Les gens allaient et venaient sans me prêter la moindre attention. Leurs regards ne croisaient jamais le mien. Étais-je devenu transparent ? Non. Je me voyais. Je pouvais regarder et toucher mes bras, mes jambes, ma tête, mon ventre. J'étais bien réel. Les gens aussi ! Mais avaient-ils conscience de ma présence ? Pour en avoir le cœur net, j'ai effleuré la tête d'une petite fille aux cheveux bouclés qui marchait près de moi, la main dans celle de sa mère. Je pouvais sentir, au creux de la mienne, la douceur de sa joue, la finesse de ses cheveux. Elle m'a regardé un instant avec de grands yeux étonnés, m'a adressé un grand sourire, puis elle a détourné la tête. Les gens ne faisaient pas attention à moi parce que je ne semblais pas vraiment différent d'eux, voilà tout.

Ça parlait, ça criait, ça se bousculait, ça se hélait dans tous les coins. J'avais beau tendre l'oreille, je ne distinguais pas un seul mot de français. Les sonorités que je percevais à travers tout ce brouhaha ressemblaient vaguement à de l'allemand. Une langue de l'Europe de l'Est, peut-être. Mes seules certitudes, à présent : je n'étais pas à Paris, mais pas en France non plus. J'étais remonté plus loin que la Seconde Guerre mondiale – j'avais fait un nouveau saut dans le temps. Qu'est-ce que je pouvais bien faire là, dans cet endroit complètement inconnu, et incongru ? Pourquoi l'étoile ne m'avait-elle pas envoyé chez Élisée ? J'allais finir par me perdre. Je ne pouvais demander mon chemin à personne. Et pour aller où, d'ailleurs ?

J'ai entendu de la musique. J'ai marché vers elle. Un accordéoniste aveugle jouait au coin d'une rue. Des gens lui jetaient des pièces. Je me suis arrêté un petit moment pour l'écouter, puis j'ai repris ma marche, au hasard.

J'ai fini par me retrouver, sans trop savoir comment, dans une rue plus étroite encore, bordée par deux ou trois ateliers de lutherie. Il y avait moins de monde dans cette ruelle. Derrière les boutiques, le couchant flamboyait ; on aurait dit des braises dispersées dans le ciel par la main d'un peintre. Tout à ma contemplation, j'ai évité de justesse une charrette transportant des tonneaux, tirée par une mule. Le charretier m'a regardé de travers, m'adressant une bordée de jurons dans cette langue si singulière. Puis il a repris son chemin, comme si de rien n'était. Je me suis approché des lutheries, parce que l'une d'elle m'attirait comme un aimant.

De grands caractères dorés ornaient la devanture, entièrement peinte en bleue.

De grandes lettres d'or…

Je me suis encore approché. Quelques violons étaient exposés dans la vitrine. J'ai jeté un coup d'œil à travers la vitre poussiéreuse. Je ne distinguais pas grand-chose. J'ai frappé. Aucune réponse. J'ai tourné la poignée. La porte était fermée. J'ai insisté. Elle a fini par céder.

Chapitre 26

L'atelier de lutherie ressemblait à celui de Barbara, en moins lumineux. Mêmes odeurs de vernis et de bois, mêmes outils accrochés aux murs ou posés sur des étagères. L'unique source de lumière venait de la fenêtre, et la lumière baissait ; de minuscules grains de poussière dansaient en apesanteur, comme suspendus entre plancher et plafond. Comme chez Barbara, une dizaine de violons à divers stades de réalisation ou de réparation étaient accrochés le long d'un mur. D'autres étaient posés sur un établi ; l'un d'entre eux avait le ventre ouvert. Sur un autre mur étaient suspendus une série de gouges et de ciseaux à bois. Dans une boîte de métal, un fouillis de cordes usagées en attente d'être jetées. Sous l'établi achevaient de sécher des pièces de bois, de toutes formes. Par terre, dans un coin de l'atelier, étaient empilés des étuis de violons. Quant au plancher, il était recouvert de copeaux de bois. Devant l'établi, un tabouret. Sur le tabouret, un tablier de cuir.

Mais dans le tablier, pas de luthier.

Tout au fond de l'atelier, une étoile de David clouée sur une petite porte a attiré mon attention. Une étoile gravée de signes cabalistiques, semblables à ceux de l'enseigne.

Tout m'intriguait. La devanture bleue. Les lettres d'or. L'étoile gravée… Comment résister à la curiosité qui me dévorait ?

J'ai poussé la porte du fond.

Elle donnait sur un escalier étroit et raide, en colimaçon. En contrebas brillait une petite lumière, vacillante, tremblotante. Je me suis engagé sur les marches de pierre, et j'ai commencé à descendre. J'ai manqué plusieurs fois de trébucher, me raccrochant aux murs pour ne pas tomber. J'avais par moments l'impression de me voir moi-même de très loin, descendant à tâtons vers l'abîme. La lumière s'éloignait ; l'escalier n'en finissait pas. Je m'enfonçais au centre de la Terre.

Qu'y avait-il, tout en bas ?

J'ai enfin posé le pied sur la dernière marche. Devant moi s'ouvrait un étroit couloir, éclairé par quelques bougies fixées sur des chandeliers accrochés de place en place, le long du mur. Il me semblait entendre un long murmure, des voix qui se mêlaient. J'ai frissonné. Pourtant, il n'y avait rien. Personne. Mon imagination me jouait des tours ! Au fond du couloir dansait toujours la même petite lumière.

Je me suis engagé dans l'étroit corridor.

Plus je progressais, plus le murmure s'amplifiait. Ce n'était pas mon imagination. Il y avait bien des voix, là-bas.

Je suis arrivé au bout.

Chapitre 26

Le couloir débouchait sur une vaste caverne. Le murmure s'était encore amplifié. C'était maintenant devenu un chant qui remplissait tout l'espace, se répercutant entre les parois de pierres. Au centre de la grotte, un chandelier d'or à sept branches diffusait une lumière vacillante, irisée. Cette lumière que j'avais aperçue de loin, qui m'avait appelé.

C'est alors que je *les* ai vus.

Mes cheveux se sont dressés sur mon crâne. J'ai cru que mon cœur allait s'arrêter de battre.

Dans la semi-obscurité, trois spectres blancs s'agitaient en cadence. J'en avais la chair de poule. Je n'y ai jamais cru, aux fantômes... et à quatorze ans, j'avais largement passé l'âge de commencer. Pourtant, il y avait bien trois spectres blancs qui s'agitaient dans l'ombre, là, juste devant mes yeux. Je les voyais, je les entendais, avec mes yeux et mes oreilles de chair. Mes yeux et mes oreilles de vivant. Je n'étais pas fou !

N'as-tu pas peur des fantômes ? avait ricané Furax. J'ai chassé ce souvenir et j'ai actionné la voix de la raison, afin de comprendre ce qui se passait. Ce qui se passait réellement.

J'ai enfin compris en voyant un linge blanc s'élever dans la pénombre. C'était une sorte de châle, tenu par les mains d'un homme. Les mains d'un homme bien vivant, en chair et en os ! L'homme agitait le châle au-dessus de sa tête ; je pouvais distinguer son visage, faiblement éclairé par les reflets du chandelier. L'inconnu portait un chapeau noir et une barbe grise. Les spectres ne portent pas de chapeau, que je sache... Puis il a abaissé le châle, dissimulant de nouveau sa tête et ses épaules. Penchés autour d'un objet dont j'avais du mal à distinguer les contours, les trois inconnus psalmodiaient des paroles incompréhensibles, tout en continuant de se balancer d'avant en arrière.

Tout indiquait que j'étais arrivé au milieu d'une cérémonie secrète. Je n'avais rien à faire là. J'ai reculé, afin de me fondre dans l'ombre.

Mais c'était déjà trop tard.

— Que fais-tu ici ?

J'ai sursauté. Comment avaient-ils pu me voir ? J'étais caché dans l'ombre, et je n'avais fait aucun bruit. Puis je me suis rendu compte que personne n'avait parlé. La voix était dans ma tête. Il était temps de faire demi-tour et de partir, avant que les trois inconnus ne s'aperçoivent réellement de ma présence.

— Qui es-tu ? Que fais-tu ici ?

Cette fois, la voix n'était plus dans ma tête. L'un des hommes s'était retourné et pointait un doigt vers moi, le regard sévère. C'était celui dont j'avais aperçu le visage, un peu plus tôt. Ses yeux couleur gris ardoise me fouillaient. Que pouvais-je répondre ? Je n'avais aucune idée de ce qui m'avait poussé à descendre jusqu'à ce lieu qui paraissait sacré. Sacré et secret. Impossible de dire simplement *Je passais par là*, comme je l'avais dit au petit Élisée, ou bien *Il y avait de la lumière, alors je suis entré*. Ce n'était pas crédible. J'avais poussé la porte, volontairement. Puis j'avais descendu l'escalier. J'avais troublé une cérémonie secrète et magique, j'avais commis un sacrilège. Qui sait ce qu'ils étaient capables de me faire, avec leur magie ?

Les deux autres hommes se sont retournés. L'un d'eux,

le visage tout aussi sévère que le premier, portait des petites lunettes rondes, cerclées de fer. L'autre était un adolescent qui devait avoir à peu près mon âge, peut-être un peu plus. Le duvet d'une moustache naissante ornait sa lèvre supérieure. Les trois spectres humains me dévisageaient avec stupeur.

L'homme à la barbe grise a de nouveau pointé l'index vers moi.

— Réponds. Qui es-tu ? Que fais-tu ici ?

Que répondre à cela ? Ma présence dans la grotte était tout simplement injustifiable. M'enfuir, carrément impossible. Avant même que je n'eusse le temps de réagir, l'homme aux lunettes s'était placé derrière moi et me barrait le chemin.

Un mot m'est alors revenu en mémoire. Ce mot mystérieux, chuchoté à mon oreille par Alexander, à Paris. Ce mot dont je ne connaissais rien, ce mot dont j'ignorais totalement la signification, ce mot que je n'avais entendu qu'une seule fois dans ma vie, il me semblait soudain que le moment était venu de le prononcer.

— Je m'appelle Étienne, et je suis venu par la Merkabah.

Chapitre 27

La Merkabah ! J'avais joué à pile ou face. *Elle peut te sauver, mais elle peut aussi te perdre.* Pile, ma phrase me sauvait. Face, elle me perdait. Les trois hommes ont hoché la tête. Ils ont échangé quelques regards, comme s'ils se concertaient. Puis ils ont prononcé quelques paroles dans cette langue étrange, celle que j'avais entendue dans la rue. Mais de quelle langue s'agissait-il ?

Soudain, le déclic.

Pourquoi n'y avais-je pas pensé plus tôt ? Ils parlaient tous yiddish. C'était évident ! Le yiddish, langue natale d'Alexander et d'Ada. Ces hommes portant le chapeau, la barbe, de longs manteaux noirs ; ces femmes aux jupes battant les mollets, au fichu noué sous le menton ; ces fillettes aux longs cheveux tressés, ces petits garçons à casquette… Tous les gens que j'avais croisés dans la rue étaient des juifs. Des Juifs ashkénazes, comme m'avait expliqué Alexander. Je me trouvais en Russie, dans le pays de ses ancêtres. Le violon, ou l'étoile du violon, m'avait entraîné jusqu'aux rues pavées de Vitebsk –

peut-être même jusqu'à l'atelier originel, le lieu même où avait été fabriqué le Prince. Alexander m'avait parlé de ses ancêtres luthiers. Ce n'était pas un hasard si je m'étais retrouvé devant l'enseigne aux lettres d'or. J'ignorais lequel de ces hommes était l'ancêtre d'Alexander, mais il était sans doute devant moi.

L'homme à la barbe grise s'est adressé aux deux autres. Cette fois, je le comprenais. Comme lorsqu'il s'était adressé à moi quelques minutes plus tôt pour me demander ce que je faisais là, il parlait français.

— Ce garçon prétend être arrivé par la Merkabah. Il est hors de question de le laisser partir. Nul ne peut invoquer la Merkabah à la légère. Heureusement, la cérémonie était presque terminée lorsqu'il a fait irruption parmi nous. Je dois consulter les amulettes. J'espère que le Tout-Puissant, béni soit-Il, m'aidera à voir plus clair. En attendant, emmenez le garçon chez la babouchka. Elle vous attend. Je vous rejoindrai dès que j'aurai terminé. Samuel, veille à ce que le garçon ne s'échappe pas. Joseph, n'oublie pas le violon.

Samuel ! Joseph !

Le plus jeune est retourné au centre de la caverne. Il s'est penché pour prendre l'objet que je n'avais pas reconnu au premier abord, à cause de l'obscurité. Il l'a aussitôt rangé dans son étui. C'était le Prince ! J'en étais certain. Ce fabuleux violon qui ne voulait pas de moi, et qui me faisait pourtant voyager à travers l'Europe et les époques. Cet adolescent, ce jeune Joseph désigné par l'homme à la barbe grise, c'était le grand-père d'Alexander. Et Samuel, son arrière-grand-père. Le luthier qui avait fabriqué le Prince.

CHAPITRE 27

Samuel s'est placé devant moi. Joseph portait l'étui du violon à bout de bras et fermait la marche. Nous avons effectué le chemin en sens inverse, grimpant les marches en silence. La montée s'est avérée encore plus interminable que la descente. Devant moi, Samuel se retournait régulièrement pour vérifier que je suivais. Derrière, Joseph me pressait.

Samuel et Joseph…

Lorsque nous avons enfin débouché dans l'atelier, la nuit était tombée. Samuel a allumé deux lanternes. Il en a donné une à Joseph, gardant l'autre pour lui. En sortant de la lutherie, je me suis retourné afin de jeter un dernier coup d'œil aux lettres d'or, qui dansaient dans l'obscurité. Maintenant, je savais ce qu'elles signifiaient. *Établissements Wietman père et fils. Luthiers.* C'était l'atelier de Samuel. L'atelier dont les caractères dorés avaient fait rêver le père d'Alexander, lorsqu'il était enfant. L'étoile m'avait fait remonter le temps et l'espace jusqu'à l'atelier originel.

Samuel m'a tiré par la manche. Il n'avait pas l'air de plaisanter, derrière ses lunettes. Son visage fermé était austère. Celui de Joseph paraissait plus avenant. L'adolescent n'arrêtait pas de me jeter des coups d'œil en coin. Comme moi, il semblait dévoré par la curiosité. Je le sentais pressé de me poser des questions. Sans doute la présence sévère de Samuel l'en dissuadait-elle. Les deux hommes se sont placés autour de moi, chacun d'un côté, et nous avons traversé la ville.

Les gens rentraient chez eux. De toutes les maisons s'élevaient de bonnes odeurs de cuisine. Des odeurs de friture, surtout. Je prenais garde aux endroits où je posais les pieds, car la chaussée était pleine de trous et de flaques. J'aurais pu tenter de m'échapper à la faveur de l'obscurité, mais avec deux hommes m'encadrant fermement, c'était perdu d'avance. Je ne savais pas si j'étais en danger. J'ignorais à quel moment le Prince me ramènerait vers l'autre monde… mon monde à moi, mon petit monde familier. La Merkabah allait-elle me sauver ? Ou me perdre ?

À côté de moi, dans la boîte portée à bout de bras par Joseph, se trouvait le Prince. Personne n'aurait pu imaginer que cet étui d'apparence banale contenait un objet si précieux, une telle merveille. Cette boîte n'avait rien à voir avec le bel étui en bois, orné d'une étoile, qui se trouvait dans ma chambre. Ou plutôt, qui se trouverait plus d'un siècle plus tard dans le placard d'une petite chambre douillette, aux Essarts.

Nous sommes bientôt arrivés devant une maison en bois. Samuel a frappé, et nous sommes entrés.

Chapitre 28

Il faisait bon dans la maison, dont l'intérieur était entièrement peint en blanc. Près du fourneau allumé, un Zombra résigné dodelinait de la tête sur sa chaise, le regard vide. Comme la plupart des hommes que j'avais croisés dans la rue, il portait barbe et casquette, mais ses yeux étaient dénués de toute expression. Les mains enfarinées, une vieille femme aux joues ridées étalait une pâte à tarte sur la table. Elle a posé son rouleau à pâtisserie, s'est levée, s'est essuyé les mains sur un torchon et s'est avancée vers nous.

— Je te présente Esther, fille d'Ephraïm, a déclaré Joseph. La babouchka. Ma grand-mère, si tu préfères.

Elle m'a examiné, intriguée. À l'opposé de ceux du vieil homme, ses yeux gris pétillaient de vivacité et d'intelligence. Joseph lui a montré l'étui de son violon en prononçant quelques mots de yiddish. Les larmes aux yeux, la babouchka a pressé son petit-fils contre son cœur, avant de retourner à sa tarte.

Lorsque Samuel s'est approché du Zombra résigné

et a posé sa main sur son épaule, le vieux a légèrement tressailli.

— Et voici Yehouda, fils de Jacob. Diedouchka, mon grand-père, a ajouté l'adolescent. Il ne parle pas.

— Il est muet ?

— Oui.

— Muet, il ne l'a pas toujours été, est intervenu Samuel, dont je n'avais pas encore entendu le son de la voix. Quand il était plus jeune, mon père était un homme bavard et joyeux, toujours de bonne humeur.

Mon père… Diedouchka était l'arrière-arrière-grand-père d'Alexander. C'était vertigineux. Samuel a poursuivi. Son père était musicien. Un excellent musicien. Il faisait partie d'un orchestre qui animait les fêtes, les mariages. Cet orchestre était très demandé. Puis le malheur est arrivé. Un grand. Un immense malheur. Samuel avait à peine douze ans. Alors que Yehouda et ses musiciens se rendaient à une noce, leur petit groupe avait été attaqué par une bande de soldats russes, ivres et armés. Ils avaient été battus à mort, puis jetés dans des fossés. Leurs instruments avaient été piétinés. Yehouda avait été laissé pour mort, mais il s'en était tiré. Depuis, il ne parlait plus.

— Les soldats avaient bu. Ils étaient armés. Ils ont croisé des juifs sur leur chemin. Il n'en fallait pas plus. Ce genre de choses arrive, de temps en temps. Nous avons perdu beaucoup des nôtres, ces dernières années. Des villages entiers ont été attaqués. Pillés. Brûlés.

— Vous voulez parler des… des pogroms ?

— Un progrom ? Je ne connais pas ce mot… Ce que je veux te dire, c'est que les Juifs sont persécutés depuis bien longtemps… Mais nous devons continuer à vivre malgré tout. C'est comme ça. C'est notre destin. Les Juifs ont toujours été chassés de partout. De tout temps. On n'y peut rien. Notre bonne ville de Vitebsk a été relativement épargnée, jusqu'ici. Le Tout-Puissant, béni soit-Il, nous protège.

— Moi, je ne suis pas d'accord avec cette façon de voir ! s'est exclamé Joseph. La puissance de Dieu a-t-elle suffi à protéger grand-père et ses amis de la cruauté des soudards ? Non. On n'est pas obligés de subir tout ça sans rien dire, sans rien faire. Vitebsk a été relativement épargnée, jusqu'ici, c'est vrai. Il n'est pas dit que cela durera toujours.

Il a regardé par la fenêtre.

— Je rêve de partir, un jour… J'irai vers l'ouest. En France. Ou en Allemagne. Dans un pays où il fait bon vivre. Dans un pays où les Juifs ne sont pas persécutés. Il y a beaucoup de musiciens, en Europe de l'Ouest. Du travail pour les luthiers, donc. Car je serai luthier, comme mon père. Je n'ai pas le choix. Luthier, je serai donc, mais je partirai. Mes enfants iront à l'école, ils feront des études. Ils auront un meilleur avenir.

— Apprends déjà convenablement ton métier, a répliqué son père. Apprends à devenir un homme. Plus tard, quand tu seras établi, tu prendras une femme et tu changeras d'avis. Vous fonderez une famille. Tu resteras à Vitebsk. Comme nous le faisons tous. Comme nous l'avons toujours fait, depuis des générations et des générations.

— C'est ce qu'on verra ! a rétorqué Joseph.

J'allais poser la question qui me taraudait, lorsque Samuel m'a fait signe de m'asseoir. Un long silence s'est installé. La dispute entre Joseph et Samuel avait plombé l'atmosphère, déjà lourde.

Imperturbable, la babouchka continuait son travail. Elle avait foncé la pâte dans un moule à tarte ; à présent, elle épluchait des pommes. On n'entendait plus que le glissement du couteau sur la peau des fruits, et de temps à autre, les aboiements d'un chien qui résonnait dans l'obscurité.

La question qui me trottait dans la tête depuis notre rencontre, dans la caverne, me brûlait.

— Pourquoi parlez-vous français, tous les trois ?

— Tradition familiale, a répondu Joseph. Mon arrière-grand-père, le père de diedouchka, était français.

Ainsi, Joseph confirmait ce que m'avait confié Alexander, qui avait évoqué un ancêtre français, le jour du tango.

— Il s'appelait Jacob. C'était un soldat de Napoléon. Oui, votre Napoléon Bonaparte.

Joseph a raconté l'histoire de Jacob. Son numéro ayant été tiré au sort, il avait été enrôlé comme soldat pour la campagne de Russie. Durant l'occupation de Vitebsk, Jacob avait fait la connaissance de Maria, fille de Salomon et de Rachel. Avec le départ des troupes françaises vers Moscou, il avait dû suivre son régiment, la mort dans l'âme. Lors de la déroute de l'armée française et son retrait vers l'ouest, l'unité de Jacob était repassée par Vitebsk. Malade et à demi mort de faim, comme la grande majorité des soldats de l'armée en déroute, Jacob avait déserté. Il avait réussi à retrouver la maison de Maria. Prise de pitié, Rachel l'avait caché et soigné. Jacob avait fini par se rétablir. Il était resté, et il avait épousé

Maria. Ils avaient fondé une grande famille. Jacob parlait français à ses enfants. Ses enfants lui avaient promis de faire la même chose avec les leurs…

— Ils ont tenu leur promesse, tu vois ! La tradition s'est perpétuée jusqu'à moi. Dans la famille, on parle autant français que yiddish. Moi aussi, je parlerai français à mes enfants ! C'est une belle langue. La langue des gens cultivés. La langue des tsars ! J'aurais aimé savoir lire et écrire en français. Je sais lire et écrire… mais en hébreu seulement.

Joseph était trop modeste. Il connaissait l'hébreu, mais aussi le yiddish et le français. Un vrai polyglotte ! J'avais envie de lui dire que la tradition familiale se perpétuerait encore longtemps, mais ce n'était qu'un adolescent. Comment aurais-je pu lui parler de son petit-fils ? Il faudrait encore quelques dizaines d'années avant qu'Alexander vienne au monde.

Puis j'ai repensé avec anxiété à l'homme à la barbe grise, resté dans la caverne pour consulter ses amulettes. Cet homme n'avait pas l'air vraiment commode. Cette pensée me ramenait au présent et me rendait nerveux.

Joseph a deviné mon inquiétude.

— Étienne, j'ignore comment tu es arrivé ici. Josué, fils de Jacob, te posera des questions. Ne t'inquiète pas. Il paraît sévère, mais c'est un homme bon et sage. Il est mon grand-oncle, mais surtout, c'est le rabbin de notre communauté. Un grand rabbin, très respecté, très avisé. Très cultivé. Son érudition est grande. Il a deviné que tu étais français, rien qu'en te voyant. Il est très perspicace, tu sais… Je pense qu'il a deviné bien des choses à ton propos. N'essaie pas de lui mentir. Dis-lui qui tu es vraiment, d'où tu viens, et comment tu es arrivé ici. Ne lui cache rien.

— Je dirai la vérité.

À ce moment, comme par un fait exprès, un grincement s'est fait entendre. La porte s'est ouverte. Le vieux rabbin a fait son entrée dans la maison.

Les amulettes avaient parlé.

Chapitre 29

La babouchka a pris un pilon et un mortier, et elle a écrasé un bâton de cannelle. Elle a saupoudré les pommes d'épice et de sucre, puis enfourné la tarte. Ensuite, elle a nettoyé la table, sorti de l'armoire une nappe brodée, une bouteille de vin, des verres. Mais elle n'a pas servi le vin. Pas encore.

L'interrogatoire commençait. J'étais mal à l'aise malgré les propos de Joseph, qui avait pourtant voulu se montrer rassurant.

— Ta présence parmi nous est un mystère, a commencé le rabbin. Avant toute chose, pour clarifier un peu la situation, il est nécessaire de procéder aux présentations. Qui es-tu vraiment ? D'où viens-tu ? Qu'es-tu venu faire ici ?

J'avais l'impression de subir un examen. Un examen de passage. Heureusement, j'avais préparé ma réponse, afin de ne pas être pris au dépourvu. Je remerciais intérieurement Joseph de m'avoir prévenu.

— Je suis Étienne, fils de Michel, le violoncelliste, et

de Marielle, la maquettiste. Frère d'Ophélie, l'escrimeuse.

Leurs yeux se sont agrandis. Ils voulaient savoir qui j'étais. Ils le sauraient ! J'avais promis de dire la vérité.

— Mais aussi collégien, violoniste. Enfin… apprenti violoniste.

— Et passager du char !

Le char ? Quel char ? C'était à mon tour d'ouvrir de grands yeux.

— La Merkabah, a précisé Joseph devant mon interrogation muette. Le char de lumière. Il t'a amené ici. C'est ce que tu nous as dit tout à l'heure, non ?

Visiblement, Joseph me tendait une perche. Oui, j'avais parlé de la Merkabah. Mais j'avais prononcé ce mot sans le comprendre. Le moment était venu de dire ce qui s'était passé. Sans rien cacher. Il y avait de la religion, dans la magie du violon-étoile. Peut-être le rabbin comprendrait-il, lui ? S'il était aussi savant que le prétendait Joseph…

— Chez moi, là-bas, en France, j'ai frotté l'étoile de nacre d'un violon… un violon très spécial. Et je suis arrivé jusqu'à vous. J'ignore comment.

— Ce que tu dis n'a aucun sens, a répliqué Samuel. Frotter l'étoile d'un Prince n'a jamais fait voyager personne !

Un Prince… Samuel avait prononcé le mot. Josué caressait sa barbe en silence, perplexe.

— Tu dois savoir que l'on n'invoque pas la Merkabah à la légère, a repris le père de Joseph. C'est dangereux.

Alexander avait dit la même chose : *C'est dangereux.*

— As-tu été initié ? Connais-tu la Kabbale ?

La cabale… ce mot me disait effectivement quelque

chose. J'ai pris le temps de réfléchir avant de répondre.

— Oui, j'en ai vaguement entendu parler. On parle parfois de *signes cabalistiques*, pour dire ce qu'on ne comprend pas. Comme les caractères dorés sur l'enseigne de votre lutherie, par exemple. Je ne les comprends pas. Pour moi, ce sont des signes cabalistiques. On dit aussi *monter une cabale*, pour préparer un complot contre quelqu'un, lui faire du mal. Et pour répondre à l'autre question, non, je ne suis pas initié.

Je pensais à cette expression que j'avais souvent entendue, dans les infos : *délit d'initié*, mais j'étais presque sûr que ça n'avait rien à voir. Autant ne rien dire.

J'avais bien fait de ne pas en rajouter, car Samuel a secoué la tête, avec un air désespéré.

— Étrange, immense et consternante est ton ignorance.

Quelle réponse sympathique et chaleureuse ! Je n'en attendais pas moins de lui.

— Es-tu juif, au moins ?

— Non.

— Encore plus étrange…

Josué n'avait toujours pas pris la parole, en dehors de sa question initiale. Il semblait perdu dans un océan de perplexité. Sur un signe de Samuel, la babouchka nous a servi un verre de vin. Je n'aime pas le vin. La bière non plus. Le panaché, en revanche, j'adore. C'est ma boisson préférée, avec le Coca. La bière, j'aime moins. Mais le vin ! J'en ai carrément horreur. Perfide Samuel. À tous les coups, il voulait me faire perdre mes moyens.

Comme les autres, j'ai bu mon verre, m'efforçant de ne pas faire la grimace. Le rabbin est enfin sorti de son silence.

Le moment était venu.

Josué allait statuer sur mon sort.

Chapitre 30

— Ainsi, tu possèdes un Prince, a commencé Josué. Tu prétends que c'est lui qui t'a fait voyager, grâce à la Merkabah. Tu es ignorant, certes, mais sincère, ce qui est une grande qualité. Personne ne peut te reprocher de ne pas avoir reçu l'enseignement, d'autant plus que tu n'es pas juif. Mon garçon, la Kabbale nous enseigne que tout est relié au tout. La Merkabah, que tu as évoquée et invoquée, permet de franchir les frontières des mondes connus, de parvenir aux mondes supérieurs. Chacun est libre de passer par la porte qui correspond le mieux à la racine de son âme. Il arrive que des initiés franchissent les portes du temps. Des années d'études, voire des dizaines d'années, sont nécessaires avant de parvenir à un tel degré de connaissance et de maîtrise. Que tu y sois parvenu, toi, malgré ton jeune âge et ton ignorance est difficile à croire, sinon impossible. En tout cas, c'est exceptionnel. Quel âge as-tu ?

— Quatorze ans.

— Deux ans de moins que Joseph. Étant donné

ton âge, a repris le rabbin, un tel voyage est tout à fait étonnant. Pourtant je suis convaincu que tu dis la vérité.

Il a hoché la tête, gravement.

— Mes amulettes ont parlé.

Il a répété :

— Tu dis la vérité.

Ouf ! J'étais soulagé. J'avais réussi l'examen de passage. Merci aux amulettes ! Et merci à Joseph. Je ne regrettais pas d'avoir joué franc jeu. J'avais dit la vérité, et ma sincérité avait plu au grand rabbin.

La babouchka nous a servi un second verre de vin. Cette fois encore, je n'ai pas osé refuser. La chaleur de l'alcool gagnait mon ventre, ma poitrine. Une délicieuse odeur de cannelle s'échappait du fourneau. La tarte aux pommes de la grand-mère ! Je commençais à avoir faim. Cela faisait des heures que je n'avais rien mangé.

— Joseph, a repris le rabbin. Parle-lui des Princes. De leur étoile. Explique-lui ce que tu sais… ce que tu as appris.

Joseph allait enfin sortir le Prince de sa boîte. Le Prince au tout début de sa vie, le Prince et son étoile de nacre. Mon cœur battait plus vite. La tête me tournait un peu. La faute au vin, sans doute… à ces deux maudits verres de vin que je m'étais efforcé de boire sans grimacer. J'étais à jeun. Il ne fallait pas que je boive davantage.

— L'étoile des Princes représente notre religion, mais aussi la Merkabah.

À cet instant, Josué l'a interrompu.

— Non. Cette étoile ne représente pas la Merkabah. Elle *est* la Merkabah. Continue, Joseph.

— La Merkabah est une voie, un char de lumière. Un

véhicule spirituel, dont l'activation permet de voyager dans différentes directions de l'Univers, par-delà les limites du temps. Comme l'a dit Josué, il faut des années avant d'arriver à une telle maîtrise de ses pensées... et de son corps. Des années avant de parvenir à l'activation. Chaque étoile de chaque violon possède sa propre clé. Il faut être en accord total avec son violon avant de pouvoir activer la clé. Il faut avoir beaucoup prié et médité.

En accord total avec son violon ? Je n'avais jamais réussi à tirer le moindre son correct du Prince... Avoir beaucoup prié ? Je ne suis pas croyant. Méditer ? Ce n'est pas mon truc. Je préfère les jeux vidéo. Je n'étais pas spécialement concentré lorsque j'avais frotté l'étoile, la première fois. Je ne pensais à rien de particulier. Je voulais simplement effacer de vilaines traces de doigts. Rien de plus.

— Ce que nous allons te révéler à présent est un secret, partagé par ceux qui fabriquent ces violons, ceux qui les bénissent, et ceux qui en jouent, a déclaré Josué. Le Prince dont tu nous as parlé t'a choisi. Pourquoi ? Nous l'ignorons. Mais c'est un grand honneur, une grande responsabilité. Tu dois savoir certaines choses. Il le faut, avant que tu ne repartes dans ton monde. Dis-lui, Joseph. Parle-lui des pouvoirs des Princes. Transmets-lui ce que tu sais.

— Le premier pouvoir des Princes leur est conféré par la Grande Âme des violons, a récité Joseph. La Grande Âme unit toutes les âmes de tous les Princes. Ensemble, ils forment la Grande Communauté des Princes. Le second pouvoir leur est conféré par l'étoile. La Merkabah.

— Il semble que ton Prince t'ait permis d'activer

l'étoile, a déclaré Josué. Pourquoi ? C'est un grand mystère. À toi de chercher la réponse, Étienne. À présent, tu sais ce que tu devais savoir. Nous ne pouvons t'en apprendre davantage.

Si. Il y avait encore quelque chose. Quelque chose dont personne n'avait encore parlé. Ni Josué. Ni Samuel. Ni Joseph.

— Est-ce que… est-ce que je peux vous poser une question ?

— Bien sûr.

— Tout à l'heure, dans la caverne… Que faisiez-vous, avec ces sortes de linges… que vous agitiez au-dessus de votre tête ?

Samuel a longuement soupiré. Il n'était pas loin de l'exaspération.

— Ce sont des châles de prière, a répondu Josué. Nous devons nous en revêtir pour nous adresser au Tout-Puissant.

— Cette cérémonie… C'était une bénédiction ? Vous bénissiez le violon de Joseph ?

— C'est exact, a répondu le rabbin. Tu joues du violon, Étienne. Tu sais donc que chaque violon possède une âme. Mais l'âme n'est pas une simple petite pièce de bois. Le violon ne peut vraiment vibrer que si son corps, son âme et son archet sont en accord, en harmonie totale. La bénédiction facilite cette harmonie. Elle donne le vrai souffle aux violons, a poursuivi le rabbin. Elle leur permet de vivre. Et de nous survivre, bien souvent. Mais seuls les Princes reçoivent la Bénédiction suprême.

— La Bénédiction suprême ?

— Oui. La Bénédiction suprême est une protection.

Elle protège les Princes contre la magie noire. Tu as dû entendre parler de la double nature des violons. Certains violonistes vendent l'âme de leur violon au diable. Ils sont prêts à tout pour acquérir la richesse. La Bénédiction suprême, donnée par le rabbin lors d'une cérémonie secrète, à l'abri des regards et des forces malveillantes, protège contre cette tentation. D'autres questions ?

J'ai hoché la tête.

— Oui. Une seule.

— Je t'écoute, mon garçon.

— Je suis un peu perdu, vous comprenez…

J'hésitais. Samuel allait encore se moquer. Devant mon trouble, le rabbin a mis sa main sur mon épaule.

— Il est tout à fait normal que tu éprouves ce sentiment, Étienne. Pose ta question. Personne ne se moquera. Je t'en fais la promesse.

— En quelle année sommes-nous, exactement ?

— En 1881.

J'étais abasourdi. Il me faudrait un peu de temps pour absorber toutes ces paroles, du temps pour les digérer, du temps pour les comprendre. Pour les méditer, comme avait dit le rabbin. Quant aux « pourquoi ? », j'ignorais si j'en trouverais un jour les réponses… si même il y en avait.

La tête me tournait.

La babouchka a jeté un coup d'œil par la fenêtre, elle a hoché la tête, et elle a prononcé quelques mots en yiddish. Puis elle nous a servi un troisième verre de vin, avant de sortir la tarte du four.

Assis sur sa chaise, le diedouchka n'avait toujours pas bougé. Son regard était immensément vide.

Chapitre 31

— Grand-mère dit que nous avons assez parlé, a traduit Joseph. Elle a raison. Elle a dit aussi : « Place à la joie. Les klezmorim et les invités sont arrivés. Faisons-leur honneur. Faisons honneur au violon de Joseph. »

— Les klezmorim ?

— Les musiciens, si tu préfères.

— Ma mère a raison. Place à la fête et à la musique ! a ajouté Samuel, qui se déridait enfin.

Samuel s'est levé et il a disparu dans la pièce d'à côté. Il en est revenu quelques secondes plus tard avec deux étuis de violons. Il en a posé un sur les genoux de son père, puis il a sorti un violon de l'autre. Le diedouchka n'a eu aucune réaction. Ses yeux étaient toujours aussi ternes, son regard désespérément éteint. Je me demandais pourquoi Samuel avait pris la peine de lui mettre un violon sur les genoux.

Le père de Joseph a calé son instrument sous son menton, il a levé l'archet, il a commencé à frotter les cordes. Comme si le violon avait donné le signal, la porte s'est ouverte. Les musiciens, ces fameux klezmorim, ont fait leur entrée. Se trouvait parmi eux, guidé par un petit garçon, l'accordéoniste aveugle que j'avais vu jouer dans la rue. Ils ont rejoint Samuel et préparé leurs instruments. Outre l'accordéon et les violons, il y avait deux clarinettes, un violoncelle, une trompette, une flûte, des cymbales. Dans un instant, Joseph allait sortir le Prince de son étui. Oh, découvrir le Prince tout neuf, au début de sa vie…

Des hommes, des femmes et des enfants sont entrés dans la maison, les bras chargés de victuailles. Une toute petite fille s'est dirigée vers Joseph, un gros bouquet de fleurs à la main. Entrée par la porte restée ouverte, une chèvre suivait la gamine. La chèvre était elle-même suivie d'un coq, et d'une poule entourée de ses poussins. Au milieu des rires, la babouchka a fait sortir tout ce petit monde en frappant des mains, puis elle a coupé la tarte aux pommes. Les femmes ont distribué les gâteaux qu'elles avaient apportés.

Les gens riaient, le vin coulait à flots. Et moi, qui n'aime pas le vin, j'ai vidé encore un verre, en attendant de voir le Prince. Puis un autre. Je n'avais toujours rien mangé, mais à présent, je n'avais plus faim. Une douce chaleur avait gagné mon ventre, mes joues. Les langues allaient bon train. Le yiddish, encore. Des hommes se sont mis à danser. J'ai commencé à bouger, moi aussi. Le tourbillon de musique et de paroles m'entraînait toujours plus loin. Il me semblait que ce tourbillon n'aurait pas de fin.

Puis Josué a demandé le silence. Il a fait un signe de la tête et de la main vers les klezmorim, et les musiciens se sont tus. Les gens se sont arrêtés de danser, de parler. Joseph s'est placé au centre de la pièce. Au milieu d'un profond silence, qui contrastait avec l'agitation joyeuse qui avait précédé, il a lentement ouvert l'étui de son violon.

C'était le moment que j'attendais. Que tout le monde attendait.

Chacun retenait son souffle.

Le moment était empli de solennité. Mon cœur battait la chamade. J'allais voir le Prince, enfin ! Le Prince chargé de la bénédiction du grand rabbin. Et son étoile de nacre toute neuve, étincelante, allait renvoyer la lumière.

Lorsque Joseph a enfin sorti le violon de l'étui, après plusieurs minutes de silence et d'attention anxieuse, je me suis retenu de crier.

Ce n'était pas le Prince.

C'était un violon tout neuf, dont le vernis brillait sous les lampes, mais ce n'était pas le Prince. Chacun est allé toucher le violon, qui venait d'être béni… mais qui n'était pas le Prince.

La phrase tournait en boucle dans ma tête. Ce n'était pas le Prince.

Avais-je donc fait tout ce voyage pour rien ?

Lorsque tous les invités eurent fini de défiler devant Joseph, je suis allé le trouver. J'ai secoué la tête en désignant le violon.

— Ce n'est pas le Prince.

— Le Prince ?

Joseph a éclaté de rire.

— Étienne, voyons… tous les violons ne sont pas des Princes !

— La bénédiction, tout à l'heure, dans la caverne…

— C'était la simple bénédiction des violons. T'ai-je dit que mon violon avait reçu la Bénédiction suprême ? Je t'ai parlé des Princes, c'est vrai. Je t'ai dit ce que Josué voulait que je te dise. Mais t'ai-je dit une seule fois que mon violon était un Prince ?

Non. Joseph avait raison. Il ne me l'avait jamais dit. J'avais tout compris de travers. Mon imagination s'était emballée.

Pourtant…

— Pourquoi avoir béni le violon là-bas, dans une caverne, dans un endroit reculé, à l'abri des regards et des forces malveillantes, si ce n'était qu'une simple bénédiction ?

— Il y a eu une autre cérémonie, juste avant. Quelque chose de secret, dont je ne peux pas te parler. Tu n'es pas initié. Dans la foulée de cette cérémonie, Josué a béni le violon. Il le fera de nouveau tout à l'heure. Devant les invités, cette fois.

Je m'étais trompé sur toute la ligne. Je m'étais trompé de famille. Il y avait bien un Joseph, fils de Samuel, mais c'était un pur hasard. Comme Élisée et Élisa. Les Samuel et les Joseph devaient se compter à la pelle, dans les familles juives. Les lettres d'or sur la devanture ? Une tradition répandue à Vitebsk, sans doute. Une mode locale. Une fois de plus, mon imagination débridée et mon cerveau embrumé, trompé par le vin, avaient créé des liens là où il n'y en avait pas.

CHAPITRE 31

J'ai lourdement soupiré.

— Ainsi... Il n'y a pas de Prince. Tu n'es pas le grand-père d'Alexander.

— Le grand-père d'Alexander ?

Je me suis rendu compte de ce que ma phrase pouvait avoir d'incongru pour l'adolescent. J'ai secoué la tête.

— Non, rien. Ce n'est pas grave. Laisse tomber.

Pas besoin de me ridiculiser davantage.

Joseph me regardait avec un curieux petit sourire. Comment osait-il se moquer ainsi de moi ? Je pensais encore aux sarcasmes de Samuel. Joseph était bien le fils de son père. Tout cela n'avait été qu'une mascarade, une mise en scène. Toutes ces paroles sur les Princes... J'avais été floué. Je me sentais immensément vide. Vide, comme le regard du diedouchka.

— Je te laisse, Étienne. Il est temps pour moi d'aller prendre ma place parmi les musiciens.

Les klezmorim avaient recommencé à jouer, les invités à danser. Joseph a pris son violon et il a rejoint les musiciens. Il a calé son violon sous son menton, il a levé l'archet et il l'a posé sur les cordes. Moi, je me suis discrètement dirigé vers la porte, discrètement. Je n'avais plus qu'un seul désir : quitter cet endroit où tout le monde s'était moqué de moi.

Au moment où j'ai posé la main sur la poignée de la porte d'entrée, au moment précis où j'allais tourner la poignée, s'est élevée une voix que j'aurais pu reconnaître entre mille.

La voix du Prince.

J'ai tourné la tête, cherchant d'où elle provenait.

Chapitre 32

Diedouchka ! Le grand-père n'avait pas bougé. Il était toujours assis sur sa chaise, à l'opposé de la porte. L'étui du violon était vide à ses pieds, et le Prince était calé sous son menton. Je ne voyais pas l'étoile, mais je savais. Sa voix, l'éclat particulier de son vernis, sa couleur… Tout me criait que c'était lui. Le Prince ! Tenant l'archet avec délicatesse, la main de Yehouda virevoltait au-dessus du violon ; accompagnant les klezmorim, l'archet allait et venait sur les cordes, vibrant, frémissant de vie.

Comment n'avais-je pas compris plus tôt ?

Je me tenais toujours près de la porte, la main sur la poignée, comme hypnotisé. Josué m'avait rejoint et me parlait. Je l'écoutais à peine, car j'avais déjà compris.

— Un luthier ne peut fabriquer qu'un seul Prince dans sa vie. Il faut une maîtrise absolue, une connaissance parfaite. Mais le meilleur savoir-faire du monde ne suffit pas. Il faut aussi être poussé par une grande nécessité. Nul ne peut fabriquer un Prince à la légère.

Tandis que Josué me parlait, des images se collaient

à mes rétines. Devenu luthier, Samuel avait fabriqué un violon pour son père. Un violon pour remplacer celui qui avait été piétiné avec tant de haine, tant de mépris. Un Prince, pour ramener Yehouda dans le monde des vivants, pour lui redonner le goût de vivre. Par amour, Samuel avait fabriqué le plus beau, le plus puissant des Princes, puis Josué, le grand rabbin, avait donné la Bénédiction suprême au violon.

Parmi les musiciens, Samuel me regardait en souriant. J'imaginais les journées et les nuits de travail, les veilles interminables. Son austérité n'était qu'une façade. Il avait failli perdre son père dans des circonstances terribles. Cette douleur, ainsi que le mutisme de son père, avait dû le marquer à jamais. À la mort de Yehouda, il léguerait le Prince à Joseph, son fils. Je savais cela. Plus tard, Joseph le léguerait à son tour à son fils, qui le donnerait, bien plus tard encore, à Alexander. Je savais cela aussi. Grâce au pouvoir de l'étoile, Yehouda était revenu à la vie… Ou plutôt, il revenait à la vie chaque fois qu'il jouait de la musique.

L'archet de diedouchka effleurait les cordes, avec douceur et vigueur à la fois ; et les yeux du vieil homme brillaient du même éclat que l'étoile de nacre. Là résidait le plus grand pouvoir du Prince : faire briller des étoiles dans les yeux d'un homme brisé.

Alors, encore une fois, la voix, la belle voix du Prince est entrée dans mon sang. Comme à Paris, c'était la vie qui coulait dans mes oreilles, en même temps que la musique. Pourtant, ce que j'entendais n'avait rien à voir avec du Vivaldi. La tête me tournait. La magie du violon était forte. Puissante. Elle se mêlait au vin dans mes veines, aux voix des klezmorim. La voix du Prince était bien celle que j'avais écoutée à Paris et qui m'avait transporté. Et en même temps, ce n'était pas la même. L'âme du diedouchka se mêlait à celle du violon, formant une voix nouvelle. J'avais l'impression de décoller, de m'envoler… de voler au-dessus des toits de Vitebsk. Violons et clarinettes se répondaient, invitant chacun à danser. La musique des klezmorim était tout à la fois mélancolique et joyeuse, déchirante et exubérante. Ensorcelante. Elle entraînait les danseurs dans un mouvement, un tourbillon que rien ne semblait pouvoir arrêter. Bras et mains voltigeaient autour de moi.

La farandole des ancêtres dansait. Tout était mouvement.

Tout était bien.

Des flocons de lumière sont entrés par la porte, par les fenêtres. Ils sont descendus sur mes paupières, sont entrés dans mes oreilles.

J'ai regardé une dernière fois le Prince. J'ai entendu un dernier morceau de musique, j'ai vu une dernière danse.

Ensuite, je ne sais pas ce qui s'est passé parce que je suis tombé sur le plancher.

Chapitre 33

Après mon retour de Russie, j'ai été malade comme un chien. Le choc de ces dernières rencontres, sans doute, le poids de ces révélations, peut-être. L'extraordinaire rencontre avec le Prince entre les mains d'un vieillard impotent, un vieux Zombra résigné qui revenait à la vie grâce à la magie du violon. La musique. Les danses. Le vin, surtout ! J'avais la nausée, et si mal au crâne que j'avais l'impression que ma tête allait éclater, mon cerveau exploser. Je cuvais le vin de Vitebsk. Un vin russe du XIXe siècle ! Lorsque je suis sorti des toilettes après avoir vomi pour la troisième fois, ma mère m'a regardé de travers.

— Qu'est-ce que tu as, Étienne ? On dirait que tu as bu…

Bu ? Moi ? Quelle idée… Je lui ai répondu en bafouillant :

— Maman, tu sais bien que j'ai horreur de l'alcool… Et où est-ce que j'en aurais trouvé ? Je n'ai pas quitté la maison. J'ai la migraine, c'est tout. Pas besoin de voir le médecin. Je voudrais juste… qu'on me laisse tranquille.

J'ai besoin d'obscurité et de repos.

Je suis monté dans ma chambre et j'ai fermé les volets. J'ai provisoirement remis le Prince dans le placard. Cette fois, j'ai posé l'étui sur une pile de sweats moelleux. Il lui fallait bien ça ! Fini, le temps pas si lointain où je planquais le violon sous une tonne de vêtements…

Allongé sur mon lit, j'ai eu tout le temps de repenser à ce que je venais de vivre.

Le Prince m'avait d'abord emmené à Paris. Puis entraîné jusqu'au fin fond de la Russie. Je savais maintenant pourquoi le Prince était venu au monde : pour redonner le goût de vivre à une âme fracassée. Il m'avait fait rencontrer le petit Élisée, Alexander et Ada, Joseph, Samuel, Josué… et Yehouda. Le premier musicien du violon-étoile. Je ne pouvais me résoudre à dire « propriétaire ». Le Prince n'appartenait à personne. Tous ces gens du passé étaient redevenus vivants, l'espace de quelques heures. Mis à part Élisée, plus aucun n'était de ce monde. Cette pensée me rendait triste. Grande était la puissance du violon (ou de son étoile, plutôt). Le Prince me faisait rencontrer des gens… et l'instant d'après, ils appartenaient au passé. Morts. Tous.

Alexander et Josué m'avaient tous deux mis en garde. *La Merkabah peut être dangereuse.* J'avais peut-être tenté le diable, même si rien de mauvais ne m'était advenu. Les rencontres que j'avais faites étaient toutes extraordinaires. Y aurait-il un prix à payer, tôt ou tard ? Jusqu'où m'entraînerait la Merkabah ?

La luthière avait frotté l'étoile, elle aussi. Rien ne s'était passé. Josué avait raison. Le Prince m'avait choisi.

Chapitre 33

Moi. Étienne Alem.

Pourquoi ?

Le lendemain, je n'avais plus mal à la tête. J'ai ressorti mon violon, mon violon à moi. Mathilde m'avait mis un cours supplémentaire pendant les vacances, je n'avais pas envie de l'entendre me dire que je n'avais pas travaillé *suffisamment*. Pourtant, c'était le cas. Je n'avais pas encore déchiffré la nouvelle partition qu'elle m'avait donnée avant Noël, et le cours approchait.

Je me suis donc mis au travail.

CHAPITRE 34

Salle 29 du conservatoire. La salle de Mathilde avait été refaite au début des vacances. Murs repeints en blanc, moquette arrachée pour faire place à un beau parquet verni. Mathilde avait pris soin de punaiser de nouveau les dessins et les photos de ses élèves sur le panneau d'affichage. Au milieu des petits violonistes trônait la photo de Didier Lockwood, mon idole.

Après m'avoir fait la bise pour la nouvelle année, Mathilde m'a demandé si j'avais passé de bonnes fêtes, de bonnes vacances, ce que j'avais mangé au réveillon. Je lui ai décrit nos festins : crevettes, blinis, tzatziki de concombre, ktipiti de poivrons et yaourt grec, guacamole, œufs de cabillaud, saumon fumé, petits feuilletés maison au fromage concoctés par Ophélie, gâteau au chocolat pour finir, le tout largement arrosé de Coca. Bref, tout ce que nous adorons, ma sœur et moi, et que nous ne mangeons pas assez souvent. Mathilde, qui est très gourmande, a approuvé.

Puis le cours proprement dit a commencé.

J'ai posé mon violon sur l'épaule. Mon violon. Mon bon vieux violon à moi. Assise devant le piano, Mathilde m'a demandé de me tenir droit et de prendre une profonde inspiration. À peine avais-je esquissé les premières notes qu'elle m'a arrêté net dans mon élan.

— Pourquoi n'as-tu pas apporté ton violon yiddish ?

Aïe. Comment avait-elle su ?

— Ne fais pas cette tête. Tu es passé chez Barbara pour le faire réparer, n'est-ce pas ? Moi aussi, je suis allée la voir pendant les vacances, pour faire régler le mien. Elle m'a parlé de ta visite. De ce violon. Un très beau violon, très précieux, sans doute chargé d'histoire… Pourquoi ne l'as-tu pas apporté ?

— Je… je ne peux pas en jouer. C'est trop dur.

— Trop dur ? Rien n'est trop dur quand on travaille, Étienne. Je te l'ai déjà dit. Rien n'est trop dur pour toi. J'ai une surprise. Tu vas voir.

— Une surprise ?

— Oui, Étienne. Un nouveau morceau pour le concert. Piazzolla.

Tu parles d'une surprise… Piazzolla, ça faisait des mois qu'on le travaillait, en vue du grand concert de juin, au Grand-Angle.

— Tu vas voir comme ça tombe bien, a repris Mathilde. On n'aurait pas pu faire mieux, même si on l'avait fait exprès.

Elle s'est levée, a pris un paquet de feuilles posé sur la table, les a regardées une à une. Elle a fini par trouver la bonne partition.

Je suis resté muet en découvrant le titre de la pièce.

— Ça tombe bien, n'est-ce pas ? a répété Mathilde.

Yiddish Tango pour un violon yiddish. Je suis sûre que ton violon va adorer !

Elle a froncé les sourcils.

— Mais il va falloir que tu le sortes de ton placard.

Comment avait-elle deviné ?

— Que tu le sortes de ton placard, et que tu travailles. Avec ce violon, tu entres dans la cour des grands. Pour toi, le plus dur commence. La date du concours approche. Tâche d'être à la hauteur ! Tiens-toi correctement, pour commencer.

Je me suis redressé, j'ai placé correctement l'archet. C'était parti pour quarante-cinq minutes de cours.

À la fin de la séance, Mathilde a planté son regard dans le mien.

— Samedi, tu apporteras ton violon yiddish à l'orchestre. Promis ? Je veux que tu essaies. Vraiment. Tu en es capable, Étienne. Je compte sur toi. Sois à la hauteur de ce beau violon.

Envolées, mes craintes ! Mathilde m'avait redonné du courage. Je voulais me montrer digne de sa confiance. Alors j'ai promis. Après tout, il suffisait de ne plus frotter l'étoile. De laisser le char aux étoiles.

D'oublier la Merkabah.

Carnet secret d'E. F.

Je n'avais plus aucune nouvelle de ma mère. Mes lettres concernant un éventuel retour des Wietman demeuraient sans réponse. Ma dernière lettre me revint avec la mention « Inconnue à cette adresse ». Je ne fis pas de recherches et n'eus donc jamais la réponse.

Après deux ans d'apprentissage, j'étais capable de fabriquer de beaux meubles à partir de simples planches. Cela ne me suffisait pas. J'ai montré à monsieur Stolino l'étoile de nacre sur le dos du violon.

— Enseignez-moi la marqueterie, s'il vous plaît.

Mon patron m'a montré comment découper de fins copeaux de bois précieux, comment les incruster sur la surface des meubles. Les bois exotiques : acajou, ébène, palissandre, bois de rose et de violette, étant encore difficiles à trouver après la guerre, il faisait venir des bois de fruitiers essentiellement : cerisier, merisier, poirier, prunier, noyer et marronnier d'Inde, mais aussi d'autres bois des régions tempérées : érable, bouleau, tilleul. Je gardais précieusement les copeaux encore utilisables mais délaissés par monsieur Stolino, qui ne gardait que les plus belles pièces. Je récupérais aussi des éclats d'ivoire et de nacre. Je déposais éclats et copeaux dans un petit coffret, que j'avais moi-même tourné dans un bois d'olivier.

Une fois le coffret rempli de copeaux et d'éclats, j'ai dit à mon patron que je voulais fabriquer un nouvel étui pour mon violon, et incruster une étoile de nacre sur le couvercle. La même étoile que celle du violon. Ainsi le Prince aurait-il un écrin digne de sa splendeur.

Monsieur Stolino a souri.

— Où trouveras-tu le bois précieux et la nacre dont tu auras besoin ?

Je suis allé chercher le coffret et je lui ai montré le petit trésor que j'avais amassé au fil des mois.

Le patron a hoché la tête.

— Vas-y, mon garçon. Tu es capable. Choisis le bois dont tu as besoin pour ton étui. Je te le donne.

Chaque soir, après ma journée de travail, je m'attelais à la tâche. Le résultat dépassa mes espérances. Le patron lui-même avait l'air impressionné. J'avais une autre idée qui me courait dans la tête depuis quelque temps. Idée que je mis à exécution, une fois l'étoile de nacre incrustée sur le couvercle. Je conçus un double fond, qui s'ouvrait par un mécanisme dissimulé sous le velours, actionné par un petit bouton de laiton. Dans ce double fond, j'ai caché la photo. Le Prince et la photo : c'était tout ce qui restait de mes chers amis.

Mon temps à l'atelier Stolino était terminé. Il me fallait quitter Grenoble et rejoindre la montagne. Là-haut, peut-être le nuage noir qui me brouillait la tête depuis le 24 décembre 1943 se dissiperait-il enfin. Durant ces trois ans d'atelier, par trois fois la plainte s'était élevée, célébrant l'amer anniversaire. De plus en plus forte, de plus en plus poignante. Chaque fois, je pliais la couverture en huit, tentant en vain d'étouffer la voix du violon, que je ne sortais jamais de sa boîte. Je me sentais indigne d'en jouer.

J'ai expliqué au patron que je devais partir, puisque ma formation était terminée. Comme le précédent, il m'a proposé une place dans son atelier. J'ai refusé.

— Dommage, a-t-il dit. Tu as toutes les dispositions pour devenir un excellent ouvrier. Que dis-je, un ouvrier ? Tu as l'âme d'un artiste. Mais puisque tu l'as décidé… va, jeune Élisée. Suis ton destin. Que la chance soit avec toi.

Il a sorti quelques billets. Je l'ai remercié. Nous nous sommes serré la main. Violon dans une main, valise dans l'autre, j'ai quitté la grande ville.

J'ai pris le train. Lorsqu'il n'y a plus eu de ligne de chemin de fer, je suis monté dans le car. Lorsque le chauffeur m'a déposé au terminus, devant l'église du dernier village, j'ai continué sur les chemins.

Chapitre 35

Quand je suis arrivé au conservatoire, le samedi suivant, Martin était déjà arrivé et préparait son violon. Martin fait partie de notre petite bande de copains violonistes, avec Oscar et Yvan. Mathilde nous dit parfois que nous pourrions former un quatuor, tous les quatre. Un quatuor à cordes. Martin vissait la mèche de son archet. En lui serrant la main, j'ai déclaré d'un air mystérieux que j'avais quelque chose d'incroyable à lui montrer. Quelque chose qu'il n'avait jamais vu. Afin de ménager le suspense, je lui ai présenté le violon à l'envers, l'étoile retournée vers moi.

Martin a soupiré, visiblement déçu.

— C'est ça, ton truc incroyable ? Moi, j'appelle ça un violon.

J'ai retourné le Prince. Martin a découvert l'étoile de nacre.

— Qu'est-ce que c'est ?

— Un violon, tu l'as dit toi-même !

— Ne fais pas ton malin… Je te parle de l'étoile.

Qu'est-ce qu'elle fait là ? C'est un violon de décoration ?

— Non. C'est une étoile de David, incrustée sur un vrai violon. Tu sais, l'étoile des Juifs... C'est un violon yiddish. Yiddish, comme *Yiddish Tango*. Il y a la même étoile sur l'étui. Regarde.

Pendant que Martin examinait la boîte du Prince, visiblement très intrigué, d'autres musiciens se sont approchés. Parmi eux, Yvan et Oscar.

Au milieu du brouhaha s'est élevée la voix de Mathilde.

— Bonjour à tous, et meilleurs vœux ! J'espère que vous avez passé de bonnes fêtes et de bonnes vacances. Mais maintenant nous sommes samedi, il est dix heures, il est temps de se remettre au travail. Allez !

Après avoir installé chaises et pupitres, nous nous sommes assis pour répéter. Mathilde tenait son quatuor à l'œil, car nous sommes parfois (souvent) un peu dissipés. Elle avait tort de se méfier. Je n'avais pas la moindre intention de me faire remarquer. C'était même exactement le contraire. Si je voulais faire honneur au Prince, je devais m'appliquer au maximum.

Nous avons attaqué *Yiddish Tango*. L'archet était complètement excité. Mathilde avait raison : le violon adorait ! Moi, un peu moins... L'archet allait si vite ! Mathilde ne pouvait pas ne pas remarquer mes fausses notes. Pourtant, elle ne disait rien. Ne me faisait aucun reproche. Je me suis dit que c'était parce que j'avais promis d'apporter le violon-étoile, et que j'avais tenu ma promesse. C'était déjà beaucoup.

Une heure plus tard, Mathilde a annoncé la pause. Pas très fier de moi car j'avais vraiment mal joué, je suis allé aux toilettes avant de rejoindre les copains. Martin était penché sur l'étui du Prince. Je lui ai demandé ce qu'il faisait. Il s'est retourné vers moi, tout excité.

— Regarde ce que j'ai trouvé !

Martin est un touche-à-tout, un vrai bricoleur. Il m'a expliqué qu'à dix heures, pendant que tout le monde admirait le violon-étoile, il avait examiné l'étui de tous côtés, soulevé le coussin et senti sous son doigt une petite bosse, sous le velours. Cette petite bosse l'avait tellement intrigué qu'il avait profité de la pause pour venir examiner la chose de plus près. J'avais filé si vite aux toilettes, a-t-il ajouté, qu'il n'avait pas eu le temps de m'en parler. Il avait appuyé sur le truc, qui n'était autre qu'un petit bouton, un minuscule bouton de laiton jaune, dissimulé sous le velours. Le mécanisme était grippé, mais il avait réussi à le décoincer grâce au petit Opinel qu'il gardait toujours dans la poche de son blouson.

— Le mécanisme ? Quel mécanisme ?

J'étais un peu vexé. J'aurais aimé trouver cela moi-même… Je trouvais ça tellement classe, un coussin de velours pour le Prince, que je n'avais jamais regardé ce qu'il y avait dessous. Heureusement, Martin ne semblait tirer aucune gloire de sa découverte. Il est vraiment sympa, ce mec. Un vrai pote.

— Il y a peut-être quelque chose à l'intérieur. À toi l'honneur, Étienne ! Après tout, c'est ton violon.

Complètement excité par la découverte de Martin, j'ai glissé la main dans le double fond. Martin avait raison. Il y avait bien quelque chose : une enveloppe un peu épaisse. Elle sentait le vieux, comme la maison d'Élisée. La même odeur de renfermé. Je me suis empressé de l'ouvrir. À l'intérieur, il y avait un petit carnet à spirales, couvert de pattes de mouche. Sur la couverture, ce titre mystérieux :

Carnet secret d'E. F.
25 décembre 2013

E. F… comme Élisée Furax ? Non. Comme Élisée Fabert. Écrit en toutes lettres sur la porte de sa chambre, *la chambre 16*, son nom était aussi gravé sur sa boîte aux lettres, là-haut, au Château. Je n'ai pu m'empêcher d'ouvrir le carnet et de lire les premières lignes, même si je savais que ce n'était ni le lieu, ni le moment. Je devais bien me rendre à l'évidence : le carnet exerçait sur moi la même fascination que le violon.

Cette nuit, le Maudit a recommencé. Il ne me lâchera donc jamais ! Sa plainte était forte, poignante.

Je me suis levé afin de préparer une tasse de café fort, histoire de me remettre les idées en place puisqu'il me paraissait évident que le sommeil me fuirait. Pendant que la cafetière sifflait, j'ai tiré la chaise jusqu'à la fenêtre, mais il n'y avait rien à voir. Sans étoiles et sans lune, la nuit était complètement noire. Je ne distinguais même pas les ruines du château. C'était la nuit de Noël, pourtant. Un Noël sans lumière et sans guirlande. Depuis 1943, il n'y a plus de Noël heureux pour moi.

— Étienne !

J'ai levé la tête. La voix de Mathilde m'appelait. J'étais seul dans la pièce. Absorbé par ma lecture, je n'avais pas vu que les autres avaient regagné l'auditorium. J'ai fourré en vitesse le carnet dans ma poche et j'ai rejoint ma place, à côté de Martin. Je ne pensais plus qu'à une seule chose : rentrer à la maison et lire le carnet secret d'Élisée.

Carnet secret d'E. F.

C'est ainsi que je suis arrivé ici, dans ce hameau du bout du monde. Au bout du chemin, il y avait une maison fermée que surplombaient les ruines d'un ancien château aux fenêtres béantes, paupières ouvertes sur le vide. L'austérité et la sauvagerie de l'endroit me plaisaient. La montagne était belle, autour du hameau désert. J'espérais y trouver la paix.

J'ai relevé mes manches, réparé la charpente, aménagé une cuisine, une chambre. Je louais mes bras dans les hameaux et villages des alentours, acceptant toutes sortes de travaux, ne rechignant jamais à la tâche. Avec l'argent gagné, j'ai acheté mes premières machines à bois et installé mon propre atelier dans la remise. Grâce au bouche-à-oreille, ma réputation s'est répandue à travers le massif. Le travail ne manquait pas. De toutes parts, on montait me voir pour me demander de réparer ou de monter des charpentes. Je refusais rarement. En revanche, je fuyais toute relation amicale. Manger, avoir un toit, je n'ai jamais rien demandé de plus.

Des femmes qui sont parfois passées, aucune n'est restée. À l'une d'elles, qui avait tenu plus longtemps que les autres, j'ai montré le violon, un soir de confidences. Bouleversée par la beauté du Prince, elle a confectionné un coussin de velours assorti à l'écrin. Comme les autres femmes, elle aussi a fini par me quitter.

Je partais parfois plusieurs jours afin de réparer une charpente, un plancher. J'étais logé, nourri, payé, satisfait du travail effectué, toujours content de revenir dans mon petit chez-moi. Je contemplais la beauté : celle de la montagne, celle des objets que je façonnais.

Mais le bonheur, le vrai bonheur, je ne l'ai jamais trouvé.

Chaque année, la nuit de Noël, les sanglots du Prince me rappellent ma faute. Sa plainte s'élève dans l'obscurité, douloureuse. Parfois, cela commence alors que je viens à peine de fermer les yeux. Je ne dors pas de la nuit. D'autres fois, le violon pleure juste avant l'aube. Ce ne sont pas toujours des plaintes. Ce sont parfois des chansons, souvent un tango.

Les premiers temps, je me disais que ce n'était pas pire que le vent qui gémit dans la montagne et fait craquer les sapins. Ce vent qui, les jours de tempête, tourne autour de la maison, fait claquer les volets et siffle entre les tuiles.

Mais la plainte s'est amplifiée, devenant chaque année plus rauque, plus impressionnante. La voix du vent n'est qu'un murmure, en comparaison. Le chant du violon est devenu si insupportable que maintenant, je mets les mains sur les oreilles afin de ne plus entendre sa plainte me vriller le crâne. Comment supporter cette voix qui, chaque année, me rappelle ma faute et me rend plus fou ? Alex et Ada sont morts par ma faute. Rien ne calmera jamais la douleur du Prince. Nous sommes condamnés à souffrir.

Chapitre 36

Une armée d'hommes-squelettes avançait vers moi, sur la terre gelée. Une bise glacée soufflait sur le paysage dont je distinguais mal les contours, floutés par une brume grise et malodorante qui rampait sur la neige, comme une bête malfaisante et sournoise. La brume s'est déchirée. Je distinguais une enceinte de barbelés, des miradors, de hautes cheminées en briques. À l'odeur atroce qui montait dans mes narines, j'ai compris que ce que j'avais d'abord pris pour de la brume était en réalité une fumée âcre, nauséabonde, collante.

Les hommes-squelettes se rapprochaient.

Il fallait que je m'échappe, mais je ne voyais aucune issue. L'un des squelettes s'est détaché des autres. Il tenait un violon dans sa main osseuse et me dévisageait. Au moment où j'ai reconnu son visage, un frisson d'horreur a couru le long de mon dos. Ce n'était pas un squelette. C'était Alexander Wietman ! Un Alex tondu, terriblement, horriblement maigre. Je ne pensais plus jamais le revoir – et il était là, devant moi, dans cet endroit horrible qui puait la mort.

— Étienne, c'est toi ! Que fais-tu ici, mon garçon ? C'est le violon qui t'envoie ? Ou… eux ?

Sa voix était triste. Terriblement, horriblement triste.

— Comme ça, ils t'ont attrapé, toi aussi. J'ignorais que tu étais des nôtres.

Je ne parvenais pas à articuler le moindre mot. J'aurais voulu dire à monsieur Alex qu'il se trompait. Je n'étais pas des leurs. Je n'étais pas juif et j'ignorais ce que je faisais là, dans ce lieu terrifiant. Une sueur glacée coulait le long de mon dos.

Il s'est repris.

— Pardonne-moi, Étienne. Je sais bien que tu n'es pas juif. Il y a de quoi perdre la raison, ici. C'est la Merkabah qui t'a amené dans ce lieu maudit, comme elle t'avait amené à Paris. Je m'en doutais… Aujourd'hui, j'en ai la confirmation. Je t'avais dit que c'était dangereux… Tu ne m'as pas écouté. Ne reste pas là. Surtout pas. S'*ils* remarquent ta présence dans le camp, tu es perdu. Et je ne veux pas non plus que tu voies toutes les horreurs qui se passent ici. Ici, tout le monde meurt. Ada… Rentre chez toi.

Des larmes roulaient sur ses joues.

— Moi, si je suis encore en vie, c'est grâce à lui.

Il m'a montré l'instrument qu'il tenait toujours à la main. Le bois dont était fait ce violon était très sombre, presque noir. Sur son dos étaient entrelacées deux étoiles de nacre. Un autre Prince !

— Ce n'est pas un très bon violon, certes. Ce n'est pas mon Prince… mais c'est un Prince. Son souffle m'a sauvé la vie. Je vais jouer pour toi. Quel est ton compositeur préféré ?

Chapitre 36

Mon compositeur préféré ? Sa question était complètement incongrue. Jouer de la musique, ici ? Alex était-il devenu réellement fou ? Je commençais à me le demander sérieusement. Paralysé d'angoisse et de terreur, j'étais incapable de répondre. Incapable d'ouvrir la bouche, de proférer le moindre son.

Il a répondu pour moi.

— C'est Vivaldi, si ma mémoire est bonne. Les nazis préfèrent Wagner. Question de goût. Je suis comme toi, je préfère Vivaldi. Écoute, mon garçon. Je vais jouer pour toi, comme je l'avais fait, à Paris. Tu te souviens ?

Bien sûr que je m'en souvenais… Comment aurais-je pu oublier ? J'ai hoché la tête. Alexander a posé le violon sur son épaule. Il a levé l'archet et a commencé à jouer. La voix du violon s'est élevée devant les barbelés. J'ai reconnu la quatrième saison. *L'Hiver*. Une musique au diapason du paysage.

Quelques notes dispersées, tout d'abord. Un sanglot. Dans ce décor glaçant, les grondements du tonnerre sont venus remplacer le murmure des ruisseaux, le chant des oiseaux, le vent dans les feuillages. Alexander a joué plus vite, plus fort. Son violon chantait le froid mordant du vent, la transparence glacée du givre, les immenses étendues blanches des grandes plaines d'Europe centrale. La Russie. Vitebsk, peut-être… Le pays des origines. Le vibrato accompagnait le tremblement de tous mes membres, les attaques piquantes du gel. Par moments, le rythme s'accélérait, imitant les grondements de l'orage, le claquement du tonnerre. Un instant plus tard, il redescendait dans les graves, c'était le vent glacial et ses bourrasques, la tempête hivernale.

Ensuite le violon s'est fait plus léger, plus tendre. C'était le réconfort retrouvé au coin du feu. Derrière la vitre, la douce complainte des pizzicatos mêlée aux gouttes de pluie.

Mais à l'endroit où nous nous trouvions, il n'y avait pas de vitre.

Pas de feu.

Pas de réconfort.

Rien d'autre que des barbelés, des miradors, le froid mordant, la neige et la désolation.

La tempête de neige était entrée dans mon cœur. J'étais glacé au plus profond de moi, et je pleurais, en dépit de mes quatorze ans.

Une autre musique s'est élevée, couvrant celle de Vivaldi. Une symphonie jouée par un orchestre d'hommes-squelettes.

Alexander a baissé son violon. Il a prononcé quelques mots.

— Puisque tu es là, mon garçon… tu diras à Élisée. C'est très important. Peut-être est-ce pour cela que la Merkabah t'a envoyé, finalement. Pour que tu lui dises…

Couvrant la voix d'Alexander, la symphonie était de plus en plus forte.

— Violon… vie… dire… Élisée… vivant.

Tandis qu'ils jouaient, les hommes-squelettes regardaient fixement quelque chose dans mon dos.

Happé par ce regard, je me suis retourné.

Derrière moi, il y avait un gibet. Alignés sur le gibet attendaient cinq hommes, une corde passée au cou. Cinq hommes sur le point de mourir. Dans leurs yeux, une peur immense. Moi aussi, j'étais terrifié. Cinq hommes allaient être exécutés sous mes yeux... et en musique. Cela servait donc à ça, ici, la musique ? À accompagner la mort des hommes ?

L'orchestre jouait de plus en plus fort.

— Sors d'ici ! a crié Alexander. Sors de ce cauchemar. Cours le plus vite possible. Tu peux le faire. N'oublie pas de porter mon message à Élisée. C'est important. Tu pourras peut-être le sauver. Adieu, mon garçon.

Courir ? Où ? Barbelés et miradors barraient la ligne d'horizon. Aucune issue n'était visible. Dans un horrible grincement, la planche du gibet a basculé. J'ai entendu le bruit lourd des corps qui tombaient, le bruit sec de la corde qui se tendait.

Sors d'ici. Tu peux le faire.

Alors j'ai couru.

Sans réfléchir.

Droit devant moi.

Du haut de son mirador, la sentinelle m'a aperçu. Le soldat a crié.

— *Halt !*

Il a pointé son fusil vers moi.

La détonation qui a suivi a claqué comme un coup de tonnerre.

Chapitre 37

Le brouillard s'était dissipé. Les hommes-squelettes et les baraquements avaient disparu. L'odeur atroce aussi. Il faisait nuit. J'étais seul dans ma chambre, assis sur mon tapis, le violon-étoile sur les genoux.

Dehors, l'orage se déchaînait. La tempête était violente. Une branche tapait contre la vitre. Des images horribles dansaient devant mes yeux.

Ce n'était pas un cauchemar.

La lecture du journal d'Élisée m'avait bouleversé. J'avais voulu retrouver le petit garçon. Une dernière fois. Une toute dernière fois ! Il avait besoin de me parler, il avait besoin de moi. Il l'avait dit ! Il était si seul, au fond de cette cour silencieuse…

Alors j'avais jeté mes bonnes résolutions par la fenêtre. C'était la nuit. Tout le monde dormait. J'avais mis ma tenue de concert ; j'avais sorti le Prince de son étui, j'avais pris mon chiffon doux, je m'étais assis sur le tapis, j'avais posé le violon sur mes genoux. Cette fois, j'avais invoqué la Merkabah. Volontairement. Je ne voulais plus me laisser ballotter par la volonté des autres, le pouvoir de l'étoile. Ne sachant pas vraiment comment il fallait s'y prendre, j'avais décidé d'écouter mon cœur. J'avais frotté l'étoile en prononçant plusieurs fois ces paroles que je voulais solennelles :

— Étoile de David. Étoile de Yehouda. Étoile de Samuel, de Joseph et d'Alexander. Étoile de Josué, étoile de la babouchka. J'ai besoin de ton aide. Emmène-moi à Paris. Ce sera la dernière fois. Je dois retrouver Élisée. Il a besoin de moi. Il m'attend.

Cette fois encore, rien ne s'était passé comme je l'avais espéré. Je n'avais pas retrouvé l'immeuble parisien, ni le petit garçon. J'avais été envoyé directement en enfer. Sans passer par les petits *f* aux couleurs de l'arc-en-ciel, les petites étoiles blanches, la porte haute et large. Non. Rien de tout cela. Après avoir frotté l'étoile, je m'étais retrouvé dans l'enfer d'un camp de la mort. Alexander avait joué pour moi la musique de l'hiver, et il m'avait chargé d'un message incompréhensible.

Et dans ma chambre, la musique continuait.

Ce n'était pas l'orage. Ce n'étaient pas les roulements de tonnerre, ni les éclairs qui déchiraient les ténèbres.

C'était le Prince !

Il jouait tout seul, comme il avait joué pour Élisée. Il jouait *L'Hiver*, lui aussi, et ses vibratos se mêlaient aux grondements de l'orage.

Au moment où la porte de ma chambre s'est ouverte, les cordes ont cessé de vibrer. Ma mère est entrée, éberluée, pieds nus et en chemise de nuit.

— Étienne ! Que se passe-t-il ? Je t'ai entendu jouer

du violon. En pleine nuit ! Que se passe-t-il ? Et ces vêtements ? Pourquoi n'es-tu pas en pyjama ?

Ce n'est pas moi qui jouais du violon, maman. C'est lui tout seul. Le violon-étoile.

— Je… je dois être somnambule. Je fais des cauchemars en ce moment. Ça doit être à cause du concours… ça me travaille. Ce n'est pas la première fois que je me retrouve debout, en pleine nuit. Je vais me recoucher. Ne t'inquiète pas, maman. Tout va bien.

Je n'ai pas fermé l'œil du restant de la nuit. Non, tout n'allait pas bien. Loin de là ! Le violon s'était tu, mais l'orage grondait encore. Dans ma tête roulaient et s'entrechoquaient toutes ces images horribles, ces images dont le sens m'échappait. J'avais beau m'enfouir sous la couette, cela ne changeait rien. Les images étaient toujours là. Violentes. Obsédantes. Choquantes. Je sursautais à chaque roulement de tonnerre comme si, du haut de son mirador, le soldat tirait encore sur moi. La peur, l'horrible peur avait pris possession de mon corps et de mon âme.

Seuls les initiés peuvent emprunter le char de la Merkabah.

C'est dangereux.

Tu n'as pas connu la peur. La vraie peur. Celle qui te donne la chair de poule et hérisse tes cheveux au sommet de ton crâne.

La vraie peur, celle dont m'avait parlé Furax… cette fois, j'y étais. J'y étais vraiment. Je n'étais pas un initié. Pourtant j'avais utilisé le char de la Merkabah. Volontairement. *Tu l'as activé sans le vouloir. Cela vaut mieux pour toi, car le danger est grand pour les non-initiés.* Josué, rabbin puissant et clairvoyant, m'avait prévenu.

Et moi, j'avais transgressé l'interdit.

Le violon poursuivait sa vengeance, comme l'avait prédit le vieux Zombra. Maintenant, cette vengeance était sur moi.

Carnet secret d'E. F.

Une nuit, tandis que le violon jouait son tango et que je me bouchais les oreilles, j'ai vu la vieille madame Leduc, debout dans la chambre, regard halluciné, cheveux détachés, index accusateur tendu vers moi. Elle criait, échevelée, me menaçant de l'enfer. J'avais beau plaquer mes mains sur mes oreilles, sa voix d'outre-tombe résonnait dans toute la maison, du plancher au grenier.

— Par ta faute, les Wietman sont morts, disait-elle. Tu as vendu ton âme et celle du Prince au diable. Vous êtes maudits, toi et le violon.

C'est ainsi que de Prince, le violon est devenu le Maudit.

Cette nuit encore, la vieille a dansé sa sarabande sur le rythme infernal de la voix du Maudit. Elle m'a entraîné dans sa danse. J'ai cru devenir fou.

Au petit matin, épuisé, je me suis rendu dans mon atelier. J'ai pris un crochet de fer. Je suis revenu dans la maison, j'ai introduit le crochet à travers une ouïe du violon. D'un coup sec, j'ai arraché l'âme maudite. Je l'ai jetée dans le poêle allumé. L'âme s'est recroquevillée sur elle-même un court instant, se tordant au milieu des flammes. Puis elle a disparu.

J'ai caressé le Maudit, devenu muet. J'ai effleuré les volutes du manche, j'ai suivi de mes doigts les contours de l'étoile. Je l'ai mis dans sa boîte et j'ai fermé le couvercle. Le Maudit ne viendra plus me tourmenter. Il ne reste plus rien de son âme. C'en est fini, de l'amère plainte.

Cette histoire est terminée. Nul n'a besoin de la connaître. J'avais juste besoin de coucher ces mots sur le papier. Trop grande est ma honte. J'ai d'abord pensé brûler le carnet, comme le violon a brûlé ma vie. J'ai eu une meilleure idée : je vais placer le carnet dans le double fond de l'étui. Mon histoire, celle de monsieur Alex et son violon demeureront ensemble, à jamais liées.

Peut-être chanterai-je de ma voix cassée, éraillée, un dernier tango aux ouïes délicates de celui qui fut jadis le Prince des violons, qui est devenu le Maudit par ma faute, puis le Muet. Je le déposerai dans son écrin de velours. Je fermerai la boîte, qui deviendra cercueil. Je monterai au grenier. Je cacherai le violon dans la grosse armoire.

J'espère qu'il me laissera tranquille, désormais. Je suis vieux.

Il me tarde de trouver la paix.

Chapitre 38

— Elle est trop triste, cette histoire, a déclaré Élisa en me rendant le carnet qu'elle venait de lire d'une traite dans le bus.

Les vacances étaient terminées. Élisa était revenue la veille de Bretagne, très tard. Je n'avais pas pu lui parler avant de la retrouver dans le bus. Elle ignorait encore tout de mes voyages dans le passé.

— Je n'aurais jamais imaginé que Furax était parisien, a-t-elle ajouté. Moi qui croyais qu'il avait vécu toute sa vie là-haut, au Château ! Et dire qu'il a vécu tout ça… Pauvre Élisée. Pauvre Alex. Pauvre Ada.

Pauvre Étienne, j'avais envie de dire. Pauvre moi. Après la lecture du carnet et l'horrible nuit qui avait suivie, j'avais décidé de me libérer de mon terrible secret, trop lourd à porter. Seule Élisa pouvait me comprendre. Ce dernier voyage dans le passé… j'en avais encore la chair de poule. Les hommes-squelettes, les pendus. Les barbelés, les cheminées, les miradors. La neige. Le violon-étoile qui jouait tout seul. J'étais puni à mon tour. Je n'aurais jamais dû récupérer ce satané violon. Je n'aurais jamais dû lui rendre sa voix. Satané, oui, le violon l'était. *Sans doute as-tu déjà entendu parler de la double nature du violon.* Les paroles de Josué, le rabbin, résonnaient étrangement en moi. Le Prince n'avait pas seulement perdu son âme. Il venait tout droit de l'enfer. La Bénédiction suprême n'avait pas suffi. Ou alors c'était du pipeau. Ou bien encore, elle ne faisait plus effet. Après tout, le Prince avait plus de 150 ans ! La magie noire, celle qui vient des ténèbres, m'avait rattrapé. Elle m'envoyait au pays des morts. Si seulement j'avais laissé le violon dans cet affreux grenier plein d'araignées, de poussière et de lérots stupides. Il y serait encore, et je mènerais ma petite vie tranquille de collégien ordinaire. Si seulement, une fois réparé, je l'avais rendu sagement à son propriétaire légitime. Mais non. Je n'avais pas écouté les avertissements du vieux Zombra, ni ceux d'Alexander. Encore moins celui de Josué. J'étais à mon tour englué dans la toile collante du malheur. Élisée avait payé très cher un millionième de seconde de panique. Et moi… jusqu'où ce maudit violon allait-il m'entraîner ? À quels morts allais-je encore rendre visite ? Et pourquoi ? Je n'avais pas le droit de révéler le secret des Princes. Mais au point où j'en étais… rien de pire ne pouvait m'arriver. Il fallait que je parle. Et je ne pouvais parler qu'à Élisa. Après tout, sans elle, sans sa complicité, je n'aurais jamais pu rapporter le violon chez moi.

J'ai soupiré.

— Je n'ai rien pu faire. Furax peut être tranquille. Maintenant, c'est moi que le violon poursuit de sa vengeance. Je l'ai volé… utilisé… Il me punit.

Chapitre 38

Elle m'a regardé, interloquée.

— Le violon te poursuit ? Toi ? Il te punit ? Qu'est-ce que tu racontes ?

— Il y a un problème, Élisa. Un gros problème. Un énorme problème. *A big one*. J'aurais voulu t'en parler plus tôt, mais tu n'étais pas là. Je ne pouvais pas te raconter tout ça au téléphone… Tu ne m'aurais jamais cru.

Une brève secousse. Le bus a ralenti, s'est arrêté, est reparti. Près de moi, Élisa restait sans voix tandis que je lui faisais le récit de mes voyages. Je lui ai même raconté ma dernière rencontre avec Alex, au camp de la mort.

— Le message… a-t-elle murmuré. Le message d'Alex. C'est ça, la clé de tout.

— *Le violon dit qu'Élisée est vivant*. C'est ça, le message. Ça ne veut rien dire. Pourquoi dire à Élisée qu'Élisée est vivant ? C'est complètement ridicule ! Ça n'a aucun sens. Rien n'a de sens, dans cette histoire. Le violon s'est vengé toute sa vie sur Élisée. Maintenant, il poursuit sa vengeance sur moi.

À ce moment, Lucas nous a rejoints. Il nous a regardés d'un drôle d'air.

— Ça va, tous les deux ? Je ne vous dérange pas, au moins ?

— Mais non, pas du tout, ai-je répondu, en désignant du doigt la place libre de l'autre côté de la travée. Mets-toi là, si tu veux.

J'ai piqué le portable d'Élisa et j'ai enfoncé ses écouteurs dans mes oreilles. Elle n'a pas protesté. Je n'avais plus envie de parler. Pas envie de plaisanter avec Lucas, pas envie de parler de jeux vidéo… pas envie de parler tout court. Juste envie de m'enfermer dans une bulle. Rentrer chez moi, monter dans ma chambre, mettre de la musique à fond. Surtout pas du Vivaldi. Ni *Le Printemps*, ni *L'Été*, rien du tout. Ça faisait trop mal. Un bon vieux rap, voilà ce dont j'avais besoin, de toute urgence. M'allonger sur mon lit. Ne plus bouger. Fermer les yeux.

Hélas, rien de tout cela n'était possible. Une interminable journée de collège m'attendait.

Dans le milieu de l'après-midi, en français, alors que je jetais un coup d'œil machinal à travers la fenêtre pour échapper un bref instant à la conjugaison du verbe *résoudre*, j'ai aperçu les premiers flocons.

Je n'étais pas le seul. Lucas s'est exclamé :

— Regardez ! Il neige !

À la récréation, au lieu de nous agglutiner comme d'habitude par petits groupes dans le hall chauffé, nous sommes tous sortis dans la cour. Bouche ouverte et langue tirée, j'ai levé mon visage vers le ciel, histoire d'attraper quelques flocons sur le nez, les paupières, les joues, la langue. Je faisais déjà ça, quand j'étais petit. C'est froid, ça fond, c'est bon.

Durant le trajet du retour, j'ai passé une grande partie du temps le front collé contre la vitre du car, qui roulait lentement. Il neigeait vraiment fort. Les responsables de la station de ski et les saisonniers devaient se frotter les mains, pleins d'espoir à l'idée que la neige tombait enfin. La station allait ouvrir, les skieurs venir et remplir les caisses du village. Moi, je n'avais aucune raison d'espérer. Il faisait froid à l'extérieur, j'avais froid à l'intérieur.

Chapitre 38

Horriblement froid. La tempête de neige qui était entrée dans ma tête, dans mon cœur, dans mon ventre, prenait toute la place.

Chapitre 39

Le soir même, juste avant d'aller me coucher, j'ai machinalement regardé mon portable. Contre moi, Zibulon avait mis son petit moteur en route.

J'avais reçu un texto d'Élisa.

Salut Étienne

Tu ne devineras jamais ce que je viens de trouver sur Internet.

Élisa

Ma réponse a fusé.

Alors autant me le dire tout de suite ! Pas envie de me creuser les méninges. J'ai assez donné. Dis-moi ce que tu as trouvé.

Réponse d'Élisa, tout aussi immédiate.

Fais un peu bouger tes neurones, violoneux de mes deux.

C'est à toi qu'Alexander a parlé, pas à moi ! Pendant que tu réfléchis, je vais me coucher, je me lève à 5 h 30 demain pour prendre le bus, moâââ...

Je te laisse mijoter. (N'oublie pas les petits oignons, c'est si bon.)

Bonne nuit !

@ demain

P.-S. un indice : j'en connais un qui va être content.

Violoneux de mes deux... Elle était bien bonne, celle-là. Elle n'*en* avait pas, elle. Ce qu'elle disait était complètement idiot ! Et combien de fois lui avais-je répété qu'on disait *violoniste*, pas *violoneux* ? Elle le faisait exprès. Les oignons, je les déteste... ce n'était vraiment pas le moment de plaisanter. Elle aurait pu comprendre ça. Mais elle avait déjà sûrement éteint son téléphone. Étant donné l'heure, je faisais bien d'en faire autant avec le mien. Dans quelques minutes, maman allait crier.

— Étienne ! Au lit !

Ça n'a pas loupé.

— Et n'oublie pas de fermer les volets avant de te coucher.

Je suis resté quelques minutes devant la fenêtre ouverte, Zibulon dans les bras. La neige tombait dru, blanchissant la nuit, étouffant les choses et les sons dans sa poigne glacée. On ne voyait même pas la lune. La chaleur de mon chat contre moi, son petit moteur, la douceur de sa fourrure, l'air froid et le silence de la forêt, la neige qui tombait, tout cela formait un sacré contraste. Un sacré chaud et froid. J'ai fermé la fenêtre, le plus doucement possible.

Chapitre 39

— Étienne ! Tu n'es pas encore couché ?

Aïe. Maman avait l'ouïe fine.

— J'y vais.

Vingt-deux heures trente. C'était l'heure indiquée sur mon portable posé sur mon oreiller en guise de réveille-matin. Impossible de m'endormir. Je me tournais et me retournais sous la couctte. Zibulon dormait à mes pieds, moteur éteint.

Les paroles d'Élisa résonnaient dans le noir. *Le message d'Alexander…* C'était ça, la clé de tout.

La clé ? La clé d'activation ? Ou autre chose ?

Violon… vie… dire… Élisée… vivant. J'avais beau réfléchir, ça ne voulait rien dire.

J'en connais un qui va être content. Elle pensait à Furax, forcément. C'était le seul encore vivant, dans cette histoire.

À moins que ?

Violon… dire… Élisée… vivant.

Était-ce possible ?

Il était temps de procéder à une petite vérification. Prenant garde de ne pas réveiller Zibulon au passage, je suis sorti de mon lit, j'ai allumé l'ordinateur et j'ai lancé la recherche.

Je n'ai pas eu besoin de chercher bien longtemps. Élisa avait compris avant moi. Je m'étais complètement, lamentablement planté. Elle avait raison : je n'avais pas plus de cervelle qu'un lérot.

— Étienne ! Tu es debout ? Ce n'est pas sérieux ! Tu ne vas pas pouvoir te lever demain.

J'avais une furieuse envie de poursuivre mes

recherches, mais il fallait vraiment que je me couche. Je ne me levais pas à 5 heures 30, comme Élisa, mais à six… et c'était déjà bien assez (trop) tôt pour moi. Ma mère allait se mettre vraiment en colère si je ne retournais pas dans mon lit.

Je me suis recouché, le violon-étoile serré contre moi, comme l'avait fait le jeune Élisée à Paris, la première fois que le Prince avait pleuré. J'avais besoin de sentir la chaleur et la douceur du bois contre ma peau. Besoin de lui parler, de lui raconter ce que je venais de découvrir. Besoin de lui demander pardon. J'avais été injuste. Blottie entre les ouïes, je savais que la petite âme toute neuve était là, attentive. Elle m'écoutait.

Il était plus que temps de rattraper le temps perdu.

CHAPITRE 40

Je me suis réveillé avant l'aube, avant l'alarme de mon portable – avant même que résonne le premier appel de ma mère. Remué et excité par les informations que j'avais glanées durant la nuit sur Internet, j'avais mal dormi. J'ai ouvert la fenêtre, les volets. Une bouffée d'air glacial s'est engouffrée dans la chambre. J'ai frissonné. Cette fois, Zibulon n'était pas contre moi pour me réchauffer. Elle était déjà descendue déguster ses céréales du matin : croquettes et bol de lait. Il avait encore neigé toute la nuit, et ça continuait. La couche semblait épaisse. Au moins quarante centimètres, peut-être plus. Avec un peu de chance, le car ne passerait pas.

Dans la cuisine, ma mère n'en revenait pas de me voir déjà levé.

— Bonjour, Étienne. Déjà debout ? C'est pour ça qu'il neige…

Sympa.

— Je viens de consulter le site Transisère. Tous les transports scolaires sont annulés. Je ne peux même pas sortir la voiture. Ophélie est repartie dormir. Tu peux te recoucher aussi un moment, si tu veux. Ensuite, vous prendrez la pelle et vous viendrez m'aider à déneiger.

— Non, je ne me recouche pas. Je vais déjeuner.

Sous les yeux sidérés de ma mère, j'ai avalé mon bol de céréales en quatrième vitesse, je suis passé vite fait sous la douche, j'ai enfilé mon jean et mon sweat en deux temps-trois mouvements. Le tout n'avait pas duré dix minutes.

J'étais de nouveau dans ma chambre, à plat ventre sur le tapis, mon ordinateur devant moi. J'ai cliqué sur le bouton *on*, j'ai ouvert ma session, puis je me suis connecté à Internet. Pendant que le PC chargeait, j'ai répondu au dernier message d'Élisa.

Slt,

J'ai trouvé la réponse à ta devinette. Ça concerne Alexander Wietman, non ? Vive Wiki ! On s'appelle dans la matinée, j'imagine que tu ne descends pas au collège non plus. Cool, toute cette neige, non ?

Mes nouvelles recherches ont confirmé les infos glanées cette nuit. Quand j'ai eu Élisa au téléphone, nous sommes tombés d'accord. Il fallait mettre Élisée au courant. Je trouvais ça incroyable, que Furax n'ait jamais fait de recherches pour savoir ce qu'étaient devenus ses amis…

— Il croyait qu'ils étaient morts. Il n'a jamais eu la télévision, ni Internet, pas même le téléphone. Il vivait complètement reclus avec ses chats. Il n'avait pratiquement plus aucun contact avec l'extérieur. Un ours dans toute sa splendeur ! Ou sa caverne, plutôt. Tu te rends compte, il n'a même pas le téléphone dans sa chambre, là-bas, chez les Zombras. Pour lui parler, il faut y aller et lui annoncer la nouvelle de vive voix. Pas moyen de faire autrement.

— Tu as vu toute cette neige… on ne peut même pas descendre au collège. Alors au foyer des Zombras, laisse tomber.

— On attendra. Ça fait soixante-quinze ans, alors un jour de plus ou de moins… Tu as regardé la vidéo, sur YouTube ?

— Laquelle ? J'en ai vu deux ou trois où Alexander dansait…

— Non. Je te parle du Grand Échiquier, l'émission de Jacques Chancel.

— Connais pas.

— J'avoue que je ne connaissais pas non plus. Je suis tombée dessus au fil de mes recherches. C'était une émission télé des années soixante-dix, quatre-vingt, organisée autour d'invités plus ou moins prestigieux. Elle durait trois heures. Invité en juin 1982 par Jacques Chancel aux côtés de son ami Yehudi Menuhin, le violoniste virtuose mondialement connu, Alexander Wietman a raconté sa jeunesse à Paris, son arrestation et sa déportation à Auschwitz. Il parle aussi du Prince des violons, et d'un petit garçon.

Elle a laissé sa phrase en suspens. La suite était facile à deviner.

— Elisée ?

— Oui.

— Élisée, notre Furax des cavernes… notre bon vieux Zombra hostile ?

— En personne. Du temps où il n'était pas encore

Furax, mais un adorable blondinet. Du temps où Alexander Wietman n'était pas encore le célèbre danseur qu'il est devenu par la suite, et donnait des cours de violon au blondinet. Ce petit garçon aux grands yeux bleus que tu as rencontré, dans tes voyages vers le passé… Il faut vraiment que tu la regardes, cette vidéo. C'est important.

Regarder cette vidéo ? Élisa n'avait pas besoin de me le dire deux fois. J'ai raccroché, et je me suis rué sur mon PC.

Chapitre 41

Au bord de la nationale, les sapins croulaient sous l'épaisseur de la neige. De temps à autre, l'un d'eux se secouait. La neige tombait en paquets et l'arbre se redressait, victorieux. Nous sommes bientôt arrivés en vue du foyer des Zombras. *Nous*, c'était ma mère, Ophélie et moi, Élisa et ses parents. Tous entassés dans la Land Rover de Philippe et Claire, qui avaient gentiment proposé de passer nous prendre après leur journée de travail. Officiellement, ils allaient rendre visite à Élisée pour lui présenter leurs vœux. En réalité, pour lui faire une nouvelle proposition d'achat pour sa maison. Sait-on jamais, avec les bonnes résolutions…

Nous, officiellement, on allait voir Mamé. Comme toujours, j'étais heureux de voir ma grand-mère, mais j'avais surtout hâte de porter le message d'Alexander à Élisée. Le message que m'avait confié Alex… décrypté par Élisa.

Nous sommes arrivés au foyer sans encombre et sans glissade. Au-dessus des toits, une mince échancrure dans l'épaisseur du brouillard laissait apercevoir un bout de ciel bleu. À côté du parking, le petit parc était désert. Normal. Extrêmement frileux, les Zombras recherchaient la chaleur des maisons. Régnant sur le froid et le brouillard, sa majesté Ginkgo trônait dans ses habits de neige. Sa seule cour : des rouges-gorges venus picorer les boules de graisse accrochées sur ses branches gelées par une âme charitable, transformant le roi du jardin en arbre de Noël tardif et improvisé.

Dans son aquarium, la mère d'Émeline nous a salués d'un joyeux signe de tête. Nous lui avons rendu son salut. Dans le hall, les décorations de Noël n'avaient pas encore été enlevées : sapin chargé de boules, crèche en carton, guirlandes courant le long des murs. Dans la salle commune, quelques Zombras résignés dodelinaient de la tête, les yeux mi-clos.

Comme d'habitude, Mamé ne nous a pas reconnus, Ophélie et moi, mais nous a accueillis avec un grand sourire. Ma mère a fait de nouvelles présentations, et tout s'est terminé autour d'une boîte de pâtes de fruits. Après une demi-heure, n'y tenant plus, j'ai demandé à maman la permission d'aller toquer chez le voisin d'en face. Permission accordée, bénédiction en prime, puisque j'allais rendre le violon.

Ordinateur sous le bras et violon-étoile sur le dos, j'ai frappé. Les parents d'Elisa sont sortis de la chambre. Ils semblaient très contrariés.

— Il ne lâchera jamais rien, grommelait Philippe.

— J'en ai bien peur, a soupiré Claire. Mais étant donné son état, on n'a plus qu'à prendre notre mal en patience.

Chapitre 41

Il n'en a plus pour très longtemps.

J'ai frémi, en entendant ces mots.

— Élisée ne va pas bien du tout, m'a averti Philippe. Élisa t'attend. Je sais que vous avez quelque chose à lui dire. Bon courage !

En voyant le vieil homme affalé sur son fauteuil, branché à sa machine à oxygène, j'ai éprouvé un véritable choc. Comme il avait vieilli, en si peu de temps ! Son éternelle casquette était posée sur la table de nuit. Le néon allumé au-dessus de sa tête faisait luire son crâne chauve. En pantoufles et en robe de chambre, il n'avait plus rien du Zombra hostile et menaçant qui m'avait tellement impressionné lorsque je l'avais croisé la première fois dans le couloir, droit comme un I, canne levée et regard furibond. Il avait suffi de quelques semaines pour que le Zombra hostile se mue en Zombra résigné.

— Bonjour, garçon.

Il parlait dans un filet de voix mais m'avait salué, ça ne commençait pas si mal. Me reconnaissait-il ?

— Bonjour, monsieur Élisée. Je suis venu vous rendre votre violon.

— Mon violon ? Quel violon ? Je n'ai pas de violon.

— Le Prince. Je l'ai fait réparer et je voulais vous en parler. Élisa et moi, nous vous avons aussi apporté autre chose. Une surprise.

— J'ai horreur des surprises.

Le contraire m'aurait étonné ! J'ai fait comme si je n'avais rien entendu. J'ai installé mon PC sur la commode et je l'ai allumé. J'avais téléchargé la vidéo afin de ne pas avoir de mauvaise surprise au dernier moment.

Enfin, j'ai sorti le Prince de son étui et je l'ai posé sur les genoux du vieil Élisée.

CHAPITRE 42

Le vieux Zombra a eu un mouvement de recul, comme s'il avait reçu une décharge électrique. Ses yeux ont flambé. J'ai récupéré le violon avant qu'il ne le jette à terre. Décidément, Furax n'était jamais loin.

— Monsieur Élisée… c'est votre violon. Le Prince.

— Tu es le petit-fils de madame Roux, n'est-ce pas ? Je t'avais pris pour quelqu'un d'autre, quelqu'un que j'ai connu il y a longtemps… mais ce n'est pas possible, bien sûr. Tu ne peux pas être *lui* ! Mais tu as pris le violon. Je t'avais pourtant dit de ne pas y toucher. Sale petit voleur.

Le Zombra hostile reprenait le pas sur le Zombra résigné.

— Je suis venu vous le rendre. Alexander m'a chargé d'un message. Mais c'est Élisa qui l'a compris.

— Alexander ?

— Oui. Alexander Wietman.

Le vieux Zombra m'a fusillé du regard.

— Impossible. Monsieur Alex est mort en déportation.

— Non. Alexander Wietman n'est pas mort en

déportation. Il m'a chargé de vous le dire. Le Prince m'a parlé, lui aussi.

— Monsieur Alex ? Le Prince ? Ils t'ont parlé ? Qu'est-ce que tu racontes ? Monsieur Alex est mort. Le violon est muet, maintenant. Muet à jamais.

Il a haussé le ton.

— Sale petit voleur. Sale menteur.

— Je ne suis pas un menteur. J'ai trouvé votre carnet. Après l'avoir lu, Élisa et moi avons fait des recherches pour savoir ce qu'était devenu monsieur Wietman. Avec Internet, c'est facile, vous savez… Voilà ce que nous avons trouvé : non seulement Alexander Wietman a survécu à la déportation, mais il est devenu un très grand danseur de tango.

Ses yeux ont brillé, remplis d'un immense espoir.

— Monsieur Alex n'est donc pas mort ?

J'ai retrouvé, un bref instant, le beau regard que j'avais connu à Paris.

— Si. Il… il s'est éteint le 28 décembre 2013.

— Le 28 décembre 2013, dis-tu ?

J'ai confirmé. Le regard de Furax s'est assombri. Le bel éclat bleu n'avait pas duré longtemps.

— Et sa femme, Ada ?

— Gazée en 1944.

Pas envie d'en dire davantage sur Ada. Pas tout de suite.

— Élisa a trouvé quelque chose qui devrait vous intéresser. Une vidéo montrant Alexander Wietman. Il y parle de vous. Quand vous étiez petit garçon.

— Moi ?

Je lui ai laissé le temps de se reprendre un peu avant de

continuer, le plus doucement possible.

— Aimeriez-vous… Êtes-vous prêt à regarder cette vidéo ? Vous n'êtes pas obligé… C'est peut-être beaucoup d'émotion pour un seul jour. On peut revenir une autre fois, vous savez.

Élisée n'a pas répondu tout de suite. Il a pris le temps de réfléchir, tout en se grattant la tête. S'apercevant enfin que cette dernière était nue, il a tendu le bras vers sa casquette et l'a remise sur son crâne.

— Montrez-moi le film. Maintenant.

Après avoir de nouveau posé le violon sur les genoux du vieux Zombra, j'ai orienté l'écran de l'ordinateur sur la commode de façon que la luminosité soit parfaite et qu'aucun reflet ne vienne altérer la vision du vieil homme.

Élisée avait rendez-vous avec son passé. Je croisais les doigts pour qu'aucun bug ne vienne gâcher ce moment.

Chapitre 43

20 juin 1982. Costume sombre et chemise impeccable, cravate bordeaux, crâne légèrement dégarni, Alexander Wietman sourit avec chaleur à Yehudi Menuhin et Jacques Chancel. Sur une petite table ronde sont posés un verre et une carafe d'eau. Sur une autre table, un violon et son archet. Derrière les trois hommes, le public est attentif.

Jacques Chancel interroge Alexander sur son enfance. De son enfance, raconte le violoniste, il n'a pas grand-chose à dire. Il est né à Berlin en 1913. Ses grands-parents avaient fui leur Russie natale et les pogroms pour s'installer dans ce qui était alors l'une des deux capitales des arts, l'autre étant Paris. Comme dans la plupart des familles juives des pays de l'Est, ses parents lui avaient mis un violon entre les mains dès qu'il avait su marcher et courir sans tomber. Un enfant qui tient sur ses jambes est un enfant capable de tenir un violon, disait-on alors.

« Dieu fait ensuite la différence entre ceux qui jouent de la musique et ceux qui alignent simplement des notes, poursuit Alexander. Je faisais partie de la première catégorie, disaient mes parents. J'étais doué, affirmaient-ils aussi. Ils n'avaient pas d'autres enfants que moi, je cristallisais tous leurs espoirs. Mon destin était tracé. Ah, ce destin, ce fameux, ce fichu destin. Moi, en réalité, ce qui me passionnait, c'était le tango. Je jouais du violon, certes, et j'aimais cela. Mais j'aimais le tango plus passionnément encore. Je me sauvais de la maison dès que j'en avais l'occasion pour rejoindre un endroit où des musiciens jouaient du tango. En ce temps-là, entre les deux guerres, comme vous le savez sans doute, le tango était très à la mode à Berlin. Lorsque j'ai eu dix-huit ans, mes parents m'ont envoyé poursuivre des études de musique à Paris. Je logeais chez une cousine de ma mère, nommée Hannah, laquelle se faisait un point d'honneur à me gaver de gâteaux au miel et de brioches roulées aux graines de pavot.

Je suis tombé très amoureux d'une jeune et jolie danseuse de tango. Elle se nommait Ada et venait de Pologne. Comme mes grands-parents trente ans plus tôt, elle et les siens avaient fui les persécutions antisémites. J'ai épousé Ada. Nous nous sommes installés dans un vieil immeuble du onzième arrondissement. Je donnais des cours de musique et de violon dans un lycée privé. N'ayant pas la nationalité française, je n'avais pu passer aucun concours de la fonction publique. Je donnais également des cours particuliers. Le reste du temps, je jouais dans l'orchestre, et je dansais avec Ada.

La montée de l'antisémitisme inquiétait de plus en plus mes parents, restés à Berlin. Au moins, me disaient-ils dans leurs lettres, j'étais en sécurité en France, patrie des droits de l'homme. Je leur ai demandé de me rejoindre à Paris. Puisque je vivais désormais avec Ada, il y avait de la place chez la cousine. Ils n'avaient plus le courage, me répondaient-ils. Tout quitter, tout recommencer à zéro, une fois encore... Non, ils n'avaient plus ce courage. Advienne que pourra et Dieu nous garde ! répétaient-ils.

Puis la guerre a été déclarée, la France occupée. Je n'avais plus aucune nouvelle de mes parents. En France, les persécutions ont commencé. À la fin de l'automne 1943, devant les rafles devenues de plus en plus fréquentes, mon épouse et moi avons décidé de faire croire à un départ précipité. En réalité, nous nous cachions dans notre propre appartement, grâce à la complicité d'une vieille dame de notre immeuble.

La nuit du 24 au 25 décembre, des coups violents ont été frappés à la porte. Nous avons eu à peine le temps de prendre quelques affaires. Après plusieurs semaines passées dans un camp de transit, à Drancy, nous sommes arrivés à Auschwitz. Dès notre arrivée, ma femme et moi avons été séparés. J'ai été conduit avec les hommes aptes au travail dans une baraque, où nous avons dû nous déshabiller. Nous nous sommes retrouvés nus comme des vers – pas étonnant, puisqu'on nous traitait comme de la vermine. On nous a donné des vêtements rayés, en toile grossière ; puis nous avons été rasés et tatoués. »

Le musicien retrousse sa manche pour montrer son avant-bras à la caméra. On peut voir une série de chiffres inscrits à l'encre violette, précédés de la lettre A. A, comme Auschwitz.

— Nous étions devenus des numéros. Après la guerre, on m'a proposé une opération afin d'effacer le tatouage.

J'ai refusé. Je voulais garder gravé à jamais dans ma chair le témoignage de ce que j'ai vécu, là-bas. Je veux pouvoir montrer le numéro, afin que nul n'oublie Auschwitz.

Il soupire longuement, et reprend son récit.

— Le soir de mon arrivée, le chef de bloc a fait irruption dans la baraque pour savoir s'il se trouvait un musicien parmi les nouveaux arrivants. J'ai fait un pas en avant, affirmant que j'étais violoniste, mais que mon violon était resté à Paris. Le chef de bloc a répondu que ce n'était pas grave, qu'il allait m'en trouver un. Il est revenu une heure plus tard avec un violon. C'est ainsi que j'ai intégré l'orchestre du camp – c'est ainsi que ce violon m'a sauvé la vie. Nous devions jouer à chaque circonstance, sur ordre des nazis. Les nazis nous obligeaient à jouer. Tout le temps. Le matin, pour accompagner le départ des commandos vers le travail. Le soir, à leur retour. Nos violons jouaient le *Tango de la mort*, pour accompagner les exécutions ! Si nous refusions… c'était la mort immédiate. Accepter, c'était rester en vie.

Alexander Wietman s'arrête de parler et esquisse un geste vers le violon posé sur la table. Il prend l'instrument, le retourne et le présente à la caméra. Le bois du violon est très sombre. Sur son dos on voit très nettement deux étoiles entrelacées.

Ce violon, je l'avais vu à Auschwitz. Alexander en avait joué pour moi. En visionnant la vidéo pour la première fois, dans ma chambre, j'avais bien cru que mon cœur s'arrêtait de battre.

Le regard d'Élisée était rivé à l'écran. Le vieil homme s'était redressé et se tenait droit. Envolé, le Zombra résigné ! Ses mains se crispaient et se décrispaient sur le manche du violon-étoile.

CHAPITRE 44

— Vous voyez ces deux étoiles de David en nacre, reprend Alexander. Autrefois, en Europe centrale, de nombreuses familles juives possédaient un instrument semblable. Ces violons se transmettaient de génération en génération. Aujourd'hui, il en reste peu. Beaucoup ont disparu dans les camps. Je possédais moi-même un violon de ce type, que j'avais emporté de Berlin à Paris. Ce violon m'avait été légué par mon père. Un excellent violon. Ce violon-là, vous pouvez me croire, c'était un Prince.

Jacques Chancel lui pose une nouvelle question.

— Comment avez-vous échappé à cet enfer ?

— En janvier 1945, un an après mon arrivée, les SS ont évacué le camp. Ils abattaient en route ceux qui prenaient du retard, ceux qui étaient épuisés. Affamés et squelettiques, nous arrachions des herbes le long des chemins. Nous sommes ensuite montés sur la plateforme d'un train de marchandises qui nous a emmenés au camp de Mauthausen, en Autriche. Le trajet en train a duré plusieurs jours, sans nourriture, sans eau, sans abri ni couvertures, ouvert à tous vents dans un froid glacial. Beaucoup d'entre nous sont morts en route. Je suis resté près de deux mois à Mauthausen. Le camp a été libéré le 5 mai 1945 par les Américains. Jamais je n'oublierai ce jour. Le jour béni de ma libération.

— Et… votre famille ? Ada… vos parents… votre vieille cousine ? Les avez-vous retrouvés ?

— Jamais. Ils sont tous morts.

La réponse est abrupte. Alexander Wietman fait une nouvelle pause. Dans la salle, le silence est épais. Nul n'oserait se racler la gorge.

Après avoir bu un peu d'eau fraîche, Alexander reprend son récit.

— Comme je vous l'ai dit, Ada et moi avions été séparés dès notre arrivée au camp. Vieillards, malades, femmes enceintes, mères et jeunes enfants avaient été emmenés dans des camions bâchés de la Croix-Rouge. J'étais certain que j'allais la retrouver. Comme j'étais naïf ! Je l'ai cherchée longtemps. Je jouais du violon dans le camp, espérant qu'elle reconnaisse ma musique et marche vers moi. Il y avait tellement de gens, vous comprenez… c'était le seul moyen de la retrouver. Derrière chaque silhouette féminine, je voyais Ada, ma belle Ada… mais chaque fois, ce n'était qu'une illusion. Je ne l'ai jamais revue. La vérité, c'est que ma femme est morte le 16 février 1944, le soir même de notre arrivée. Elle a été emmenée directement vers la chambre à gaz. Les camions bâchés que j'avais vus s'éloigner étaient des faux camions de la Croix-Rouge. On me l'avait dit, mais je n'avais pas voulu le croire. C'était pourtant la vérité.

La caméra quitte le visage du musicien, dont la voix s'est brisée. Elle se dirige vers le violon, toujours posé sur ses genoux.

La voix d'Alexander, de nouveau. La caméra revient sur son visage, ses yeux rougis.

— À Auschwitz, j'avais rencontré un ancien voisin de mes parents à Berlin. Il m'a confirmé leur mort, le 10 novembre 1938, lynchés par les Nazis dans la journée qui avait suivi la nuit de Cristal. Hannah, ma vieille cousine parisienne qui me gavait de miel et de brioche au pavot, était morte du typhus à Bergen-Belsen. Je n'avais plus de famille, et je ne savais où aller. La France n'était pas ma patrie. L'Allemagne encore moins. Mon plus cher désir, depuis toujours, était de gagner l'Argentine, patrie du tango. Mais l'Argentine commençait déjà à devenir la destination préférée des criminels de guerre nazis. Alors je me suis installé à New York, ville de toutes les promesses, de tous les espoirs. Plus tard, bien plus tard, j'ai rencontré Yehudi. Nous sommes devenus amis.

Les deux hommes se regardent. L'émotion est palpable.

— Et le violon ?

— J'ai gardé celui que le kapo d'Auschwitz m'avait mis entre les mains, le soir de mon arrivée. Oui, celui-là.

Gros plan, de nouveau, sur le violon.

— Ce n'est pas un instrument exceptionnel. Pour tout dire, sa sonorité n'est pas terrible, mais il m'avait sauvé la vie. J'espérais trouver rapidement du travail dans un orchestre. Mais les choses ne sont pas aussi simples. À Auschwitz, la musique avait accompagné chacun de mes pas. À New York, comme en Pologne, dès la première note, je voyais les fumées des fours. L'odeur insupportable des corps pourrissants entrait dans mes narines. J'ai traversé une sorte d'hiver intérieur, qui a duré sept ans. Ne me demandez pas comment j'ai vécu pendant ces sept années, je l'ignore moi-même. J'étais devenu une sorte d'épave. J'ai mis des années avant de sortir de cet enfer. Pourtant, j'en suis sorti, grâce à la musique. Elle m'avait accompagné dans la mort, mais elle m'a aussi sauvé du désespoir. J'ai un secret, dont je souhaite vous parler, ce soir. Un secret qui dure depuis trente-huit ans. J'aimerais me libérer de ce secret. Si vous me le permettez.

Toute la salle est suspendue aux lèvres du musicien.

— À Paris, dans l'immeuble où nous habitions, vivait un petit garçon. Il s'appelait Élisée.

Sur son lit, le vieil Élisée a sursauté.

Chapitre 45

— Ce petit garçon était fasciné par la musique. J'ai pu lui donner quelques cours de violon avant d'être arrêté. Ada et moi souhaitions lui transmettre notre passion commune pour la musique et le tango. Mais le destin… ce fichu destin, encore et toujours lui, en a décidé autrement. Lorsque les policiers sont venus nous prendre, je lui ai laissé mon violon, le Prince des violons. Je voulais offrir une chance à ce petit garçon, la chance qu'il méritait : s'élever à la musique, sortir de son milieu. J'espère qu'il a compris, qu'il a continué. J'espère aussi que la chance a mis un autre professeur sur son chemin. J'ai imaginé sa douleur, lorsque nous avons été arrêtés. Sa culpabilité, peut-être : j'ai toujours pensé, sans toutefois en avoir jamais eu la preuve, que c'était son frère qui nous avait dénoncés. Un sale type, qui terrorisait sa famille et crachait bien haut et fort sa haine des Juifs. Comment avait-il appris que nous nous cachions dans notre propre appartement, alors que tout le monde nous croyait partis ? Je ne le saurai jamais.

À Auschwitz, j'avais cessé de jouer du violon pour retrouver mon épouse. Je savais que pour elle, il n'y avait plus d'espoir. Pour autant, il m'était impossible de me résigner. Je ne supportais pas l'idée de jouer uniquement pour obéir aux SS et accompagner les exécutions. Non. La musique, la vraie, c'était la vie. Pas la mort !

Alors, le soir de Noël 1944, j'ai joué pour le petit garçon. J'espérais que les vibrations de mon violon parviendraient aux ouïes du Prince. Le Prince possédait de grands pouvoirs. Par l'intermédiaire de mon violon, je murmurais au Prince que j'étais encore en vie, et que cela, il devait le dire à son tour au petit Élisée. Lui dire que j'étais vivant et lui souhaiter un joyeux Noël.

L'année suivante, j'ai recommencé. Un peu plus fort, cette fois. J'ai continué, jouant chaque nuit de Noël de plus en plus fort, comme si je donnais au Prince des chances supplémentaires de m'entendre, malgré les milliers de kilomètres qui nous séparaient désormais. Je voulais dire au garçon que j'étais vivant, que la vie continuait. Je n'ai jamais renoncé.

— Jamais ?

— Jamais. Même durant ces années américaines et silencieuses. Depuis 1944, chaque année, je joue la nuit de Noël sur le violon yiddish, celui qui m'a sauvé de la mort. Je joue pour que ce petit garçon, devenu un homme, n'oublie pas Ada et Alex. Qu'il sache que la vie continue, par-delà l'horreur. Qu'il ne faut jamais désespérer. Penser à lui m'a aidé à tenir, voyez-vous. Je voyais en songe les grands yeux bleus de ce petit garçon qui, quelque part, pensait à moi, j'en étais certain. La moindre des politesses, c'était que je reste vivant. Pour lui. Mais il fallait qu'il le sache. Pour qu'il tienne le coup, lui aussi. C'est cela, mon secret, mon grain de folie. Mon petit grain de folie à moi. Je n'en ai jamais parlé à personne, voyez-vous, même pas à mon ami Yehudi. On me prendra peut-être pour un fou. Peu importe. Chacun de nous possède son petit grain de folie, ne croyez-vous pas ?

— Sans doute. Avez-vous essayé de reprendre contact avec ce garçon ?

— Bien sûr. Lorsque je suis revenu à Paris pour la première fois en 1955, dix ans après la fin de la guerre, je suis retourné dans la rue où j'avais vécu avec Ada. Le quartier avait été entièrement rasé, puis reconstruit. Je n'ai rien reconnu. La famille du petit garçon n'y vivait plus depuis longtemps. Personne n'a pu me renseigner. J'ai cherché en vain. J'aurais aimé savoir ce qu'est devenu ce petit garçon. J'aurais aimé savoir si la guerre les a épargnés, lui et sa mère. S'il a fait vivre mon violon. Mais par-dessus tout, j'aurais aimé savoir quelle sorte d'homme il est devenu. »

L'image d'Alexander s'est figée. La vidéo a été coupée à ce moment précis. On ne saura pas ce que son ami Yehudi Menuhin et Jacques Chancel ont ajouté, après le récit d'Alexander Wietman. On ne saura pas comment le public a réagi. On ne saura pas si c'est le silence qui a accueilli le poignant récit du musicien, ou un tonnerre d'applaudissements en hommage à son courage, à son *petit grain de folie*. On ne saura pas si Alexander a joué avec son violon yiddish pour conclure l'émission, ce violon yiddish qui a joué si souvent le *Tango de la mort* et qui le sauva, pourtant. Non. Tout cela, on ne le saura pas.

Qu'importe.

Élisée s'était de nouveau affaissé sur son lit médicalisé. Il pleurait doucement. Ses épaules maigres tressautaient sous les hoquets silencieux.

Chapitre 46

— C'est l'heure de la collation, monsieur Fabert.

Une soignante est entrée dans la chambre, un plateau à la main. Sur le plateau, une boisson chaude et quelques biscuits disposés sur une assiette. La soignante a posé le plateau et s'est tournée vers Élisée.

— Monsieur Fabert, est-ce que tout va bien ?

Elle lui a touché le bras, très gentiment. Le regard du vieil homme s'est tourné vers la jeune femme.

— Oui, mademoiselle. Tout va bien. Merci.

Sa voix était douce.

— À tout à l'heure, monsieur Fabert.

La soignante a quitté la chambre.

— Élisa, Étienne. Venez près de moi.

Nous nous sommes approchés du lit.

— Voyez-vous, monsieur Alex était vivant... il m'appelait ! Le violon n'était pas maudit. Oh non, il n'était pas maudit. C'était un Prince. Un grand Prince. Monsieur Alex me l'avait légué... Et moi, je n'ai rien compris... Qu'en ai-je fait ? Un Maudit. J'ai arraché son âme et je l'ai brûlée. J'ai enfermé le Prince dans un grenier.

Comment lui jeter la pierre ? Moi non plus, je n'avais rien compris. Moi aussi, j'avais cru à la malédiction du violon-étoile. À la magie noire. Alors qu'il n'y avait que de l'amour…

— Monsieur Alex est mort pour de bon, maintenant. Je l'ai tué, en arrachant la petite âme du violon, en la jetant dans le feu. Il est mort le 28 décembre 2013, m'avez-vous dit… trois jours après. Ce que les nazis n'ont pas réussi à faire, moi je l'ai fait. Je l'ai tué.

— Mais pas du tout ! a protesté Élisa, qui secouait la tête avec vivacité, indignée. Vous n'avez tué personne. Monsieur Alex avait cent ans ! Il est mort parce que son temps sur Terre était fini.

Élisée a repris son souffle.

— Cent ans ! Tu as raison, Élisa. Son temps sur Terre était fini. Monsieur Alex est parti rejoindre son Ada. Si vous les aviez vus danser ensemble… ils étaient si beaux !

Furax (mais pouvais-je encore l'appeler Furax, à présent ?) ignorait que je les avais vus, moi aussi. Que je les avais admirés danser, que j'avais écouté Alex jouer du violon. Qu'il avait joué pour moi, dans son immeuble parisien et à Auschwitz. Comment Élisée aurait-il pu se douter que ce garçon qu'il avait rencontré à trois reprises, en 1942, 1943 et 1945 à Paris *était* ce même Étienne qui se tenait près de lui ? Il avait voulu l'oublier, ce garçon-là. Il n'en parlait même pas, dans son carnet. Il s'était souvenu de lui, de nouveau, le jour de la fête. L'effet du champagne ? Il pensait m'avoir pris pour *l'autre. L'autre* était pourtant bien moi. Peut-être lui raconterais-je, un jour. Je lui raconterais mes voyages. Je lui montrerais la photo dédicacée, qui était la même que la sienne. Je lui rappellerais ce qu'il m'avait dit autrefois : nous étions frères. De drôles de frères, que soixante-dix ans séparaient, mais des frères tout de même.

— Alex et Ada sont réunis. Ils ont l'éternité devant eux, a repris le vieil homme. Vous avez entendu monsieur Alex. Il n'a jamais renoncé. Ni à la vie, ni à l'amour. Vous non plus, ne renoncez pas. À toi de faire chanter le violon, Étienne. À toi de faire ce que je n'ai pas su faire… À toi de le faire vivre. Écoute ce que la petite âme a à te dire. J'ai cru que le Prince me persécutait…

Moi aussi, j'avais cru que le violon me persécutait, alors qu'il m'avait simplement choisi pour être son messager. Le jeune Élisée avait raison, nous étions comme deux frères. Aussi stupides l'un que l'autre !

— Si seulement je l'avais écouté… si seulement je lui avais accordé un seul gramme de confiance… si seulement j'avais accepté d'écouter sa voix, sa belle voix, au lieu de l'étouffer. Si seulement je l'avais aimé !

Ces paroles, il les a presque criées.

— Mais je n'ai jamais aimé personne. Je pensais que je n'en avais pas le droit. Je n'ai pas vécu. Pourtant, monsieur Alex m'avait donné une belle, une magnifique chance. Plus tard, monsieur Stolino m'en a accordé une seconde. Je n'ai accepté ni l'une, ni l'autre. Ne faites pas comme moi, les enfants. Pour moi, c'est trop tard. Mais pour vous, tout commence. N'ayez pas peur de vivre, n'ayez pas peur d'aimer. Acceptez l'impossible ! Alex m'avait légué le violon. À mon tour, je te lègue le Prince, Étienne. Tu l'as fait réparer. C'est bien. Maintenant, fais-le vivre.

C'est ton violon. Aime-le. Entraîne-toi pour ce concours. Travaille. Le Prince t'aidera. Fais-lui confiance.

Le concours… Comment savait-il ? Le vieux Zombra s'est tourné vers Élisa.

— Élisa, je ne retournerai jamais dans ma maison, au Château. Je le sais, et je l'accepte. Elle aussi a droit à une seconde chance. Va chercher tes parents. Je dois leur parler.

Épilogue

31 mars. Conservatoire à rayonnement régional, Paris VIIIe. C'est le grand jour. Près de trois mois ont passé, depuis la vidéo. Le cauchemar est terminé. Ou plutôt, le rêve a pris le pas sur le cauchemar. Définitivement. Une semaine après avoir découvert l'émission, Élisée s'en est allé doucement. On ne le verra plus jamais, notre bon vieux Zombra hostile, notre Furax des cavernes. Il est parti juste après avoir revu son *monsieur Alex* dans le Grand Échiquier, après avoir découvert le secret du Prince étoilé. Peut-être n'attendait-il que cela, pour s'en aller… Il a signé les papiers pour la maison, puis il est parti pour toujours. Il ne m'a pas laissé le temps de lui raconter mes voyages, mais ce n'est pas grave. Je pense qu'il savait. Qu'il n'avait rien oublié, qu'il ne m'avait jamais oublié. Pourquoi aurait-il pris le train pour Grenoble si ce n'était pas pour retrouver Étienne, son frère ? Des dizaines d'années nous séparaient. Pourtant, nous avons fini par nous rejoindre. Peut-être a-t-il retrouvé ses amis. Là-haut, Alexander et Ada dansent leur plus beau tango. Ils ont

trouvé la paix, tous les trois. Et tout ça, grâce à Élisa. Je suis parti jusqu'en Russie à Vitebsk… mais c'est elle qui avait la clé, finalement. Ah, ces filles…

— Étienne Alem !

Je descends les gradins du grand auditorium où j'étais assis avec mes parents en attendant que le chef (la chef, plutôt) du jury m'appelle. Je lis la fierté sur le visage de mes parents. Mes deux parents, oui ! Mon père m'avait promis de venir. Et il est là ! Comme d'habitude, ma mère me mange des yeux. Je gravis les trois marches qui mènent à la scène, je me place sur la croix tracée à la craie sur le sol, face à la caméra. Le jury termine de discuter à voix basse à propos de la candidate précédente, une poupée asiatique aux cheveux sagement relevés en chignon, chemisier blanc et robe de velours violette, souliers vernis.

Dans mon dos, le pianiste murmure quelques mots. Je me retourne. C'est bien à moi qu'il s'adresse.

— Bonjour, Étienne… C'est un beau violon que tu as là. Je crois que tu peux compter sur lui.

Il m'adresse un grand sourire d'encouragement. Je lui rends son sourire et me retourne de nouveau vers le public, je pose le Prince sur mon épaule, l'archet sur les cordes. Le menton calé sur la mentonnière, je me concentre.

Le jury me fait signe. Mon tour est venu. Je suis prêt.

J'inspire très fort. Les premières notes du piano résonnent dans le silence du grand auditorium. Sous mes doigts, l'archet s'impatiente. Il est prêt, lui aussi.

C'est parti.

Je me tiens droit, le menton bien calé contre la mentonnière, le coude levé, le poignet souple. L'archet virevolte avec bonheur sur les cordes ; mes doigts vibrent sur la touche. Je n'ai pas à me forcer. Tout cela fonctionne naturellement. Parfaitement *bio*. Chacune des recommandations de Mathilde résonne en boucle. Concentré sur ce que je joue, je ne les entends pas vraiment, mais je sais qu'elles sont là, quelque part, gravées dans un repli de mon cerveau reptilien. Elles veillent, à l'instar des sentinelles immobiles au sommet des remparts. J'entends aussi la voix d'Alexander. *Tu peux le faire*. Les battements de mon cœur sont tranquilles, maintenant, à l'unisson de la petite âme blottie entre les ouïes de l'instrument. Le Prince a trouvé la paix. Il m'accompagne. Le violon-étoile n'est pas seulement un prolongement de moi-même. Il est bien mieux que cela. C'est comme si nous ne formions qu'un. Comme si nous nous connaissions depuis toujours.

Le jury m'écoute et me regarde, attentif et souriant.

Je suis heureux d'être là aujourd'hui, de jouer devant mes parents, devant ces inconnus. Je n'ai pas de remords, plus de regrets. Mon père m'a promis de venir nous voir plus souvent. Il a trouvé un studio d'enregistrement à Grenoble, et il est là, aujourd'hui… Mes parents me regardent, et ils sont fiers de moi. Moi, Étienne, fils de Michel Alem, violoncelliste, et de Marielle, maquettiste. Étienne, apprenti-violoniste. Étienne, le violonneux.

Sur la scène du conservatoire, le violon-étoile guide mon archet qui enchaîne sans effort les *forte*, les *crescendos*, les *decrescendos*, les *prestos*, les *adagios*, les *sostenutos*… les dièses, les doubles, les triples croches et les bémols. Après trois mois d'un travail quotidien, mes doigts gauches sont maintenant au diapason de l'archet. Ça va vite, très vite. Furax avait raison. Le Prince, c'est une Ferrari. À force de travail, j'ai fini par le dompter.

Non, je ne l'ai pas dompté, le fabuleux violon-étoile. Jamais il ne s'est soumis, jamais il ne se soumettra à quiconque. Je sais cela aussi. Je l'ai simplement apprivoisé. Ou bien est-ce lui qui m'a apprivoisé ?

Le Prince et moi, nous ne faisons plus qu'un.

Nos âmes sont accordées.

Je suis bien.

ANNEXE

L'extermination du peuple juif

Durant la Seconde Guerre mondiale, entre cinq et six millions de Juifs, soit les deux tiers des Juifs d'Europe, considérés par les nazis comme leurs ennemis et une race inférieure, ont été exterminés. Parmi les hommes et les femmes qui ont été enfermés dans les camps d'extermination se trouvaient des musiciens. Les nazis les obligeaient à jouer pour accueillir les nouveaux prisonniers, les accompagner vers le travail forcé ou les chambres à gaz, accompagner les exécutions. La quasi-totalité de ces musiciens a été tuée, mais certains de leurs violons, souvent ornés d'une étoile hébraïque en nacre, ont été récupérés.

Les violons de l'espoir

Amnon Wienstein, un luthier israélien, a passé vingt ans de sa vie à récupérer et restaurer ces violons. « Dans tout témoignage sur la Shoah, il y a une histoire de violon, d'un homme qui se saisit d'un violon et qui, malgré le froid, la faim, les puces, joue. Ma mission, c'est de mettre la main sur tout violon rescapé de la Shoah, de l'acquérir, de le réparer, et d'en faire un violon capable d'être joué pour un concert. Je veux que ces violons soient joués, qu'ils fassent entendre ce qu'ils ont à dire. Car de ces violons sort un son très particulier, s'échappent des voix, des pleurs, des rires et des prières. Et ceux qui les écoutent sont transportés, ils volent, comme dans une peinture de Chagall. » Ces violons reprennent vie le temps d'une série de concerts, baptisés « les violons de l'espoir ».

La musique klezmer

Le klezmer est une tradition musicale instrumentale des Juifs ashkénazes. En raison de ses origines, la musique klezmer est associée avec le yiddish, langue d'origine germanique proche de l'allemand, avec un apport de vocabulaire hébreu et slave. Le terme « klezmer » provient de la contraction de deux mots hébreux, *kley* (véhicule, instrument) et *zemer* (chant, mélodie). Klezmer signifie que les instruments sont des véhicules de la voix intérieure du musicien. Un klezmorim ne « fait » pas de la musique, il parle, prie, console par son instrument.

La Kabbale

La Kabbale est une tradition ésotérique du judaïsme présentée comme la loi orale et secrète donnée par YHWH (Dieu) à Moïse sur le mont Sinaï, en même temps que la loi écrite et prophétique (la Torah).

La Merkabah

La Merkabah, ou char céleste, est une tradition de la Kabbale. Elle prend comme point de départ une vision du prophète Ézéchiel, et se présente comme un voyage ascensionnel et intérieur, au cœur même du divin.

L'AUTEUR

Mylène Mouton est poète et romancière. Son premier roman, *Soleils d'ocre* (Gaïa, 2007), a reçu le prix 15/17 de la Foire du Livre de Brive. Ses thèmes de prédilection sont les voyages (dans l'espace, mais aussi le temps !), la préhistoire, les mythes et la nature. Elle vit avec son compagnon et ses deux enfants en Chartreuse, massif empreint de beauté et de mystère qu'elle arpente dans tous les sens, et au sein duquel elle puise l'essentiel de son inspiration. *Yiddish Tango* est le premier roman qu'elle écrit spécialement à destination des adolescents.

Reproduit et achevé d'imprimer en février 2019,
par Abedik, en Pologne,
pour le compte de Gulf stream éditeur,
31, rue Alfred-Riom, 44100 Nantes,
www.gulfstream.fr
Dépôt légal 1re édition : juin 2019